人生好転のルール㊐55

ビジネスのプロは、上手に働いて幸せをつかむ

金融評論家・グローバル環境問題コンサルタント
藤原美喜子

小学館

人生好転のルール55

ビジネスのプロは、上手に働いて幸せをつかむ

はじめに

100年に1回の世界大不況に見舞われ、今どういう人生を目指すのかが問われています。これまでは出世のために夜遅くまで仕事をし、家庭を犠牲にして仕事人間として生きるか、そうでなければ、会社は毎日行くだけで、仕事はそっちのけで趣味や好きなことを中心に自分の人生を生きるといった、2つのうちの1つを選ぶという生き方が主流だったように思います。しかし、そういう生き方は今の時代には合わなくなってきています。

日・米・英・仏の会社で2人の子供を育てながら、長く仕事をしてきた私は、組織の普遍的なルールと、豊かに生きることの大切さを学びました。「勝つ」とか「負ける」とかではなく、会社でいい仕事をしながら、会社以外のオフタイムでも、充実した豊かな毎日を送る。それが豊かに生きることだと知ったのです。

一度しかない人生を豊かに生きるためには、「チャンスをつかむ質問力」をマスターし、「組織のルール」を知り、「人脈の作り方」や「めげない力」を習得しておくことが大事です。

「チャンスをつかむ質問力」はそのコツさえ学べば、誰でも簡単にマスターできます。私たちは人前で話をするのは苦手ですが、ほんの少しの努力で、短時間で誰でも意見を言えるようになります。違和感を持たれることなく人と違う意見を言うこともできるようになるのです。質問力をマスターすることであなたの仕事に対するモチベーションも自然に高まっていくでしょう。

仕事の悩みは十人十色ですが、ほとんどの悩みは「組織のルールを知らないこと」が原因です。野球やサッカーにルールがあるように、私たちが働いている会社にも組織ルールがあるのです。残念ながら、そのルールを懇切丁寧に教えてくれる先輩や上司は少ないので、思いきって私の体験を基に書いてみました。組織のルールは、会社の決まり事、窮屈なしきたり、悪しき習慣（滅私奉公など）などではなく、きちんとした普遍的なルールなのです。そこには、豊かに生きるための知恵やルールが含まれていることに気付かない人が多いのです。

「人脈の作り方」は、書店に並ぶ仕事のノウハウ本にはほとんど書いていない視点から、社内外の人脈作りについて紹介したつもりです。決して難しいことではないので実践してみてください。自分とつき合うノウハウも書きました。自分の目標を持ち、広い視野を忘れずに、人脈作りとあわせて「自分作り」に取り組んで下さい。

ビジネスでも私生活でも失敗や挫折はつきものです。嫌なことはあるし、嫌な人もいて、傷つき、悩み、壁にぶつかる。それが人生です。でも、「めげない力」で立ち上がり、前を向いて進んでください。めげずに進んでいけば人は強くなり、必ず応援団も現れるのです。

ワーキング・マザーとして仕事を続けてきた私は、「チャンスをつかむ質問力」「組織のルール」「人脈の作り方」「めげない力」をマスターすることが、キャリア生活を豊かにするだけでなく、人生を豊かにする秘訣でもあることに気づきました。きっかけはチャンスをつかむ質問力でした。でも、質問力だけでは人生を豊かに生きていくには十分ではないことにすぐに気がつきました。組織のルールを知ること、会社以外の人たちとネットワークを作ること、人生につまずいたときのためにめげない力を培っておくことも豊かに生きていくためには必要なことを知ったのです。

それを伝えたくて、この本を書きました。

人生を豊かにする仕事のルールの習得にはお金はかかりませんし、わざわざ学校へ行く必要もありません。あなたがすることは、例えば、簡単なアドバイスの中からすぐにできることに印をつけて、すぐ始めることです。そうすることで、読後のあなたは「充実した気持ち」を得られるだけでなく、「苦しいことが起こったとき」に静かな気持ちで対処できるようになります。

普遍的な組織の知恵やルールを知ることには人生好転のための別のメ

リットもあります。それは、次のような、「悩み」がなくなっていくことです。

・一生懸命努力しているのに成果が上がらない
・上司が悪くて自分が評価されない
・仕事がつらく楽しくないので会社を辞めたい
・目標を立てても途中でやめてしまい自己嫌悪に悩まされている
・自己啓発の本をたくさん読んでも何ら効果がない

こういう悩みを抱えて、毎日を送ることはもうやめましょう。

この本は「勝ちたいけど、あまり汗をかきたくない」「出世はしたいけど、それほど無理をしたくない」人たちにも読んでもらいたいのです。この本で、あなたの気持ちは前向きになり、あなたの頭は柔らかくなり、勝つことだけが果実ではないことをよく理解するでしょう。そして、やりがいや生きがいを持って過ごすことで、今までとは違う人生の豊さを実現できるでしょう。

２００９年10月

藤原美喜子

人生好転のルール55 ビジネスのプロは、上手に働いて幸せをつかむ　目次

第2章 上司を育てる「部下力」

第4章 人脈と勉強のための「習得力」

第5章　人生の扉を開く「めげない力」

ブックデザイン　高瀬はるか

第1章

力量が問われる「質問力」

ビジネスの現場では、あらゆる局面でコミュニケーションの力が不可欠です。仕事の成否のカギを握るといってもいいでしょう。社内会議や根回し、クライアントとの交渉、プレゼンテーション……。場面は実に多彩なので、スキルの習得には経験と場数が物をいいます。でもご安心を。若い人でもコミュニケーション力が飛躍的に向上する魔法の秘訣があるのです。それは「賢い質問力」。コツを教えましょう。仕事だけでなく、人生も豊かに変える魔力を持っています。

1

「賢い質問」というルール

「会議に出たら最低1回は質問をすること。黙って人の話を聞いているだけではダメ」と上司に注意されたのは、2度目に転職をした米国の金融機関、CSFB（クレディ・スイス・ファースト・ボストン）でのことでした。

転職をしたばかりで職場にも慣れていなかった私は、なかなかみんなの前で質問ができなかったのです。

しかし、注意されたからには、質問しなくてはいけません。次の会議で、やっとの思いで手を挙げて質問すると、

「君はもっと賢い質問ができるよう努力しなければならない。ただ質問をすればいいというわけではない。もっと質問にインテリジェンスが出ることを言えるよう自分を磨きなさい」

と、さらに厳しいお小言をもらってしまったのでした。

「賢い質問をしなさい」と言われたのは初めてでした。

〈私の質問は、賢くなかったのだ。〝あなたは馬鹿だからもっと賢い質問ができるよう勉強しなさい〟と注意されたのだ〉と思って、落ち込んでしまいました。

当時、私が勤めていたCSFBはユーロ市場での引受業務（大手企業が海外で資金調達をする際のアドバイザリー業務）が世界一の投資銀行でした。そこで働くバンカーたちの出身国は21か国にも及び、優秀なスタッフがフルタイムで仕事をしていました。一年中、解雇と中途採用を繰り返す厳しい会社でした。だから、ただルーティン・ワークをこなすだけの人は、1人もいませんでした。

私の上司であるビクターはキューバ系米国人。父親が小さな船でキューバを去り米国へ亡命し、米国にいたキューバ人の女性と結婚。長男として生まれた彼の子供時代は貧困との闘いの毎日だったそうです。

親に「教育こそ、お金持ちになれるパスポート」と小さいときから教えられ、やっとの思いで奨学金をもらい大学へ進み、米国の名門投資銀行であるファースト・ボストンへ就職した、立身出世型の上司でした。

厳しい人でしたが、彼は社会のマイノリティーが「投資銀行という競争社会で生き残っていくルール」を知っていたからこそ、何度もしつこく私に「賢い質問をするように」と注意したのです。

当時、日本ビジネスは花盛りで、そういう背景もあって、私は若かったにもかかわらず日本の電力会社、金融機関、電話会社などの担当を任されていました。

業績はもちろん上げていました。誰の目から見ても、利益総額ではトップクラスでした。私が上司から注意を受けたのは毎週月曜日に開かれる20人ほどのミーティングの場で、今後の売り上げをどう伸ばすかの話し合いをしていたときです。

専門家の視点で、具体的な質問をする。それが彼の言うポイントでした。しかし私は、会議中に1度質問をすれば私の役割は終わると考えていたので、「賢い質問」をすることまでは頭が回らなかったのです。

がっくりきている私を見て、同僚のボブがランチに誘ってくれました。

「若い社員は、誰でも1度はビクターに『賢い質問をするように』と厳しく指摘されるんだよ。だからあまり気にしないように」と慰めてくれました。

「彼は上司として君に期待しているからこそ、厳しく言ったので、次の会議で賢い質問ができればそれですむことだから……」とも言い、ボブにアシストしてもらいながら「賢い質問」ができるよう努力を続けました。

ルールさえ習得すれば、「賢い質問」をするのは難しくはありません。普段着ではなく、スーツ。自宅と会社で着ている洋服が違うように、ビジネスの場での質問は、友人と話をしているときにするような質問の仕方ではダメなのです。自分の専門性が見える質問をすることが大事です。

例えば、引受業務の仕事の社内会議に出席したときに、同僚があなたの知らない会社の名前を言ったとします。

そのときに「それどういう会社？」とカジュアルに聞くのは、「賢い質問」ではありません。

「その会社はユーロ市場で年間どれぐらい資金調達を予定しているのですか。彼らの調達コストは対米トレジャリーでスプレッドがどれぐらい？　格付けは？」

というように、相手が勉強をしていないと答えられない質問が「賢い質問」です。そして、一度に複数のことを聞くことで、頭の回転が速いことを相手に示すことも大事です。同僚のアシストもあり、私も少しずつ「賢い質問」ができるようになっていきました。

「賢い質問力」は私の仕事人生を変えただけでなく、いつも不安だった私に自信を与えてくれました。

「賢い質問力」のメリットは次の５つです。

①　ほんの少しの努力で誰もができるようになる。

②　若いことがハンディでなくなる。

③　上司だけでなく同僚からの評価も高まり、周囲の信頼も徐々に得られるようになる。

④　新聞、雑誌、本をよく読むようになる。

⑤　自分に自信がつき、クライアントとの接し方が改善し、その結果仕事の依頼が増え、評価が上がる。

2

相手の心配を取り除く

会議で私が質問し始めたとたんに、幹部が居並ぶミーティングルームはシーンと静まり返ってしまいました。まるで空気が凍ってしまったようだったことを今でも鮮明に覚えています。20年近く前の話です。私はもう駆け出しではありませんでした。

ロンドンに本拠を置く銀行の東京事務所の首席代表だったのです。

会議はロンドンの本店で年に1回開く、グローバル部店長会議で、銀行の首脳陣が勢ぞろいして、2日間にわたって続く、とても大事な会議でした。

私が質問し始めたとたんに会議が凍りついたのには理由がありました。20人が参加した会議の席上、英国出身以外の外国人はわずかに2人、おまけに女性はたった1人だったからです。ずらりと並んだ首脳陣は私がとんちんかんな質問をするかもしれないと、ひどく心配したのでした。

それを敏感に察知した私は言いました。

「皆さん、ご安心ください。間違った質問はしませんから」

そのときの質問の内容は中期的な収益目標に関したもので、細かい内容はもう覚えていませんが、決して恥ずかしくない中身だったと思います。

でも、会議の雰囲気は最後まで固いままでした。

幹部たちは女性が突然、質問したことに仰天して、最後まで気持ちを切り替えられなかったのでしょう。

「この社員は大丈夫だろうか」と大事な社内会議で心配される。

「この人は信頼できるのだろうか」とクライアントに危機感を持たれる。

そんなケースはビジネスの現場では日常茶飯事です。

こんな心配を取り除いて、信頼を勝ち得るにはどうしたらいいのか。

その秘訣はたくさんあります。

この本でおいおい説明していきますが、とりあえず強調しておきたいことは、

相手の心配を取り除き、信頼を勝ち得るには、努力と実績しかない、ということです。

誰でも若いころは「大丈夫かな」と心配される存在です。人が100努力するとき、130努力する。そういう努力を続けて信頼を獲得するしか道はありません。

ビジネスの世界も人生そのもの。

まずは小さいことから周囲の心配を取り除いて、「この人なら大丈夫」という信頼を徐々に培っていくしか手はないのです。

3

必ずお腹で息を吸うこと

何年か前に「藤原式呼吸法」のコツを日経産業新聞に書いたら、驚くほど大きな反響がありました。「ぜひ教えてください」と問い合わせてくる人たちがとても多かったのです。健康増進のための呼吸法ではありません。「あがり症」を克服して、きちんと人前でプレゼンをする呼吸のコツの話で、あがり症に悩む人たちがいかに多いのかを実感しました。


あがらずしゃべれる呼吸のコツは本当に簡単。

胸ではなくてお腹で息をすればいい。


この腹式呼吸法を教えてくれたのはロンドンの投資銀行で同僚だった女性でした。

「あなたは肩で息をするから緊張するのよ。お腹で息をすると落ち着くよ」

そう言って彼女はコツを伝授してくれて、それを私なりに工夫して改良したのです。

まず椅子に座って、鼻から静かに息を吸うと、お腹が内側から膨らみます。

次に意識をお腹に集中させて口からゆっくり息を吐く。

お腹が内側にへこむぐらい吐いていきます。

もうそれだけで気分はリラックスします。

これを何度か繰り返すと、体の重心が下がってきます。

すると「落ち着くというのは、こういう気分なんだ」と体が理解するのです。

どっしりとした安定感が体感できるのです。

最初のうちは手をおへその下あたりに当てて、思い切って息を吸いながら、お腹が膨らむのを確認してください。手を当てたままで今度は息を吐いていく。お腹が小さくなるのが分かるはずです。

軽く吸い込むだけではお腹の膨らみやしぼみは実感できません。慣れるまでは力強く、全身で息を吸うように心がけてください。


私は、プレゼンの途中で「ああ、うまくいってないなあ」と感じるとき、必ずと言っていいほど、お腹ではなくて胸で息をしています。もっとひどい場合は肩で息をしている感じなのに気づきます。

皆さんも、そんなときには腹式呼吸を思い出してください。

魔法のように落ち着くから不思議です。

ほんのちょっとしたコツや要領を体得すると、

「人前で質問をすることがいつもうまくいかない」

「上司や取引先と円滑にコミュニケーションできない」

といった苦手意識が次第に薄らいでいきます。「質問力」を身につける前提の1つは会話の量です。それを磨くための、ごく簡単な秘訣の1つとして、「お腹で息をする」ことを覚えてください。

4

短い時間で、意見をきちんと伝えるコツ

２００９年8月末の総選挙で自民党が惨敗して民主党が大躍進し、民主党を主役にする連立政権が誕生しました。

日本の政治はこれからどう変わっていくのでしょうか。

ビジネスの現場からも大いに注目されるところですが、その話はさておき、政治家を観察していて感心するのはスピーチ力です。

ほとんどの政治家たちが1分間できっちりと自分の意見を言ったり賢い質問をするスキルを持っています。

そのスピーチで、聴いている人たちに深い感動を与えたり、日本の進路を決める卓見を示す必要はありません。**今、ホットな話題や世間の関心を集めている事柄について、コンパクトで説得力のある発言や質問ができれば合格なのです。**

ビジネスマンも同じです。

短い時間で現在進行中のプロジェクトの問題点を整理して話したり、解決のための処方箋のヒントを的確、簡潔に述べることができるビジネスマンは有能とみなされます。

実際、そういうスピーチ力を身につけている人は有能です。

日本ではそれができないビジネスマンが多すぎるというのが私の実感です。

問題解決のための「解」をずばっと提示できるのはカリスマ経営者か神様でしょう。ビジネスの世界で日々起きている小さな事柄であっても、問題点を整理して、解決のための道筋を短いスピーチの中で示せれば、周囲は有能と認めてくれるのです。

普段の会話でも同じことです。時間がなくなって言いたいことを十分に伝えられなかったり、肝心な点を言い忘れたり、前置きばかりが長くなって大事なことまで行き着けなかったり、誤解されるような舌足らずな発言になってしまったり……。

そんな失敗をして後悔した経験は、誰もが思い当たるのではないでしょうか。

失敗を減らすには、日ごろの心構えと訓練が大切なことは言うまでもありません。短時間で効果的に発言や質問をすることを習慣づけましょう。

必ず伝えなければいけないことを常に頭に入れ、訴えるべきことに優先順位をつけて、大事なことから先に言う訓練をすることです。

発言する場所、状況、相手は千差万別で、言いたいことを言えるようになるには、応用問題をこなす「場数」がいりますが、「優先順位を考え、大事なことから言う」という基本はいつも意識していてください。それだけでも、スピーチ力や質問力は格段に進化するはずです。

政治家の話に戻りますが、あるパーティーでくつろいで談笑していた政治家にテレビカメラが近づき、マイクを向けられたとたんに、下準備もしていないのに明快、端的に話をまとめた場面に立ち会ったことがあります。

テレビに映ることの効果を日ごろから意識しているのでしょう。気迫がありました。

普段の会話でも、会話にメリハリとスピード感がある人と話していると疲れません。こういう人は話の「落とし所」、つまり目的意識がはっきりしているので、会話が印象に残り、説得力があるのです。

5

「場慣れ」を感じさせる

さきほど、心配を取り除くには、努力と実績を積み重ねるしかないと書きましたが、何事も経験であり、場数です。

それはビジネスマンの金言なのかもしれません。

プロの力をつけるのにも年季が必要です。

それなら、若い人たちは「言いたいことも言えずに、ひたすら経験を積んで、辛抱強く将来に備えなければいけない」のでしょうか。そんなことはありません。

「場慣れ」を感じさせる秘訣はいくつかあります。

仕事を変えて投資銀行ＣＳＦＢに転職したときのことです。

私は、再就職に慣れていなかったので、同僚と親しくなるのに半年ぐらいかかりました。会議へ出てもなかなかみんなの前で質問などできませんでした。

最初のうちはお客さんをしていなければ……とか、あまり出しゃばってはいけないと思っていたのも事実です。

ところが、同じころに入行してきた英国の大学卒の韓国人、ジャッキーは、入って1週間もしないうちに、質問をし、会議では自分の意見を堂々と述べて、驚くほどスムーズに組織に溶け込んでいきました。入行2か月後には、まるで3年以上在籍しているような存在になってしまったのです。彼女は「場慣れ」を感じさせる人でした。

彼女の武器は「賢い意見」と「賢い質問」でした。この2つを武器に、みんなに溶け込んでいき、信頼を勝ち得たのです。

私のほうはどうかというと、「参加しているだけではいけない。発言しなさい。質問しなさい」と上司にたしなめられて質問したのですが、「もっと賢い質問を」とさらに厳しい注意をされてしまったのは既に紹介した通りです。

リカバリーショットを打てないまま、何日も経過していった間、私にとってジャッキーはあこがれの存在でした。

「賢い質問」について、私は考え続けていました。

誰かが「賢い質問」をすると、その場にいた人たちは「なるほど、なかなかいいことを言う」といったコメントをします。

つまり、「賢い質問」をするためには、会議のテーマについて入念に下調べをして質問を練り上げなければいけない。さらに専門家らしい視点に基づく、具体的な質問が大事なのだ、と気づきました。

一例を挙げれば、商社が車のディーラーに投資するかどうかを検討する、という会議のときには、「投資候補先の会社の過去3年間の業績はどうか」「利益の要因と将来性はどうか」と、質問することです。

「この人は、よく仕事を知っているな」と、周りが感じるような質問をするのがコツです。こういう質問をすることは答える側の訓練にもなるのです。

答えるほうも綿密に下調べをして、簡潔・明瞭にズバッと応対しないといけないからです。それを繰り返すと、「賢い答え方」が身につくわけです。

そういう経験から言うと、場慣れとは、場数だけではないことが分かります。

絶えず、有効な受け答えをするように心がけ、自分を磨くことが第一歩なのです。

賢い質問や賢い受け答えが出てくると会議で居眠りしている人もいなくなります。

6

反論されたときの対処法

日本社会、とりわけ企業や官庁では異論や反対意見を極端に嫌う傾向があります。反論されると感情的になって反発されたりします。それはまだいいのですが、反論したのが部下だった場合、反論に対する反論もないまま、「生意気な奴」と思われたり、ひどいときは「協調性がない」「無能である」とレッテルを貼られることさえあります。

英国ではそんなことはまずありません。

反論されたときの同僚を観察していると、日本との違いに驚きます。

何を言われても「なるほど、そういう意見もありますね」とさらりと受け流してから、自分の意見をさらに練り上げ、発展させて答えるのです。平然としていて、とても冷静です。周囲にどう思われるかを気にしません。

髪の色が金髪・茶色・グレー・黒と色々あるように「自分の意見と違う意見があるのは当然なんだ」という考え方が子供のころから植えつけられているから、淡々としたもの。自分の意見に賛成してもらえなくても、動揺したり傷ついたりしないのです。

日本人とも付き合いがある英国人の上司は、**「日本人は他人にどう見られているのかを気にしすぎるんだよ」**と言っていました。


私は、日本人同士の議論も、この英国流の流儀に学ぶべきだと思います。

周りの反応を気にせず、堂々と持論を述べ、反論にも大きな気持ちで対応する。会社の組織全体に意識改革が必要なのはもちろんですが、正しいと思ったら反対意見を臆せずに述べる訓練をしたほうがいいのです。

仕事の流儀や心構えも前向きに変わってくるはずです。

「反論する」には知識と見識がいります。「反論される」ことを前提にしていれば、反論の反論のための準備が必要で、論議が深まるからです。

反論も異論も出ず、内容が空疎なままで終わる会議は時間の無駄という空気が社内に広がれば、組織の空気は開放的に変わり、間違いなく強くなります。

真剣な反論にさらされて、それに耐え得る意見が、組織を動かすいい意見なのです。

7

チャンスは舞い降りてくる

人生で「今だ」という絶好の好機は、そんなに多くは訪れてくれません。

だからこそ、チャンスをしっかりと両腕に抱きとめ、生かす心構えが必要です。ぼんやりとしていては、チャンスは両腕をすり抜けて逃げていきます。


舞い降りてくる好機を自分の力で捕まえるのです。


人生の一般論のようなことを書きましたが、ビジネスの世界でも、この心構えを絶対に忘れてはいけません。

待っていてはダメです。若い人にもチャンスは確実に舞い降りてきます。

でも、何もしなければ別の人に舞い降りてしまう。それが現実なのです。

チャンスを逃がさないためにはどうしたらいいのか。

まず目立つことが第一歩だと思います。

残念ながら、群を抜く目立ち方をするのは若手には難しい。まず「ちょっと目立つ」こと。それを積み重ねるのです。

自分なりの得意分野を持ち、どんなに小さな経験であっても、それを財産にする気概が必要で、それを習慣づければ、次第に大事なプロジェクトのメンバーに加えられるようになります。

それがチャンスが舞い降りてきた、ということです。

「彼は若いのによく勉強している」「ポイントをつかむセンスがあるね」……。こんな具合にちょっとずつ目立つようになれば、しめたもので、プロジェクトになくてはならない存在と認識され、外されなくなります。そうなれば、好機が訪れる機会がだんだん増えてくるのです。

でも、少し目立ってきたからといって、生意気になったり、欲張ったりするのは禁物です。

チームの一員として謙虚に上司を立てること。それもチャンスを大きくする秘訣だと思います。

そんなとき、賢い質問力や賢い意見を活躍させましょう。

優先順位をつけ、簡単に、具体的に、プロジェクトを動かしていく意見や提言をプレゼンテーションするのです。

言いっ放しではいけません。機敏に動き回ること、上司を立てることも大切です。

「我ながらいい意見だ」と思っても、得意気になってはいけません。

「部長のご意見はどうですか？」と上司の意見を仰ぐといった、気配りもチャンスを大きく育てるコツなのです。

8

グローバルな発言力を持つために

国際人という言葉がメディアで使われるようになってからすでに30年経ちますが、いまだ英語を使ってグローバルな世界で発言できる日本人は少ないのです。

20年前にロシア危機が起こったとき、ゴルバチョフをはじめとする、当時のロシア幹部は、ほとんど英語を話せませんでした。しかし、今では大部分のロシア人幹部は英語でコミュニケーションができます。

フランス人も同じです。フランス人は必死になってフランス語を国際語として推進してきました。しかし、90年代にグローバル競争に生き残っていくためには「流暢な英語を話せなければ損」と認め、英語を勉強し始めたのです。今ではフランスのエリートは英語で誰とでも話ができます。それだけでなくフランスはメディア戦略もグローバル化し、大統領が重要発言をするときに、国内紙だけでなくその内容がFT（FINANCIAL TIMES）などといった海外のメディアで取り上げられることを欲します。

日本の政治家は、国際会議では英語ができるのに通訳を使うのではなく、英語ができないので通訳を使っている場合が多いのです。**ここ20年間で、国際会議で求められる、英語を母国語としない国への英語レベルが上がりました。「片言の英語を話す」人ではなく、通訳なしで英語が流暢に話せ、他の国の代表とその場でコミュニケーションと意思決定ができる大臣の参加が求められています。**

なぜ、英語力でグローバルな発言権を増していく政治家や大臣が日本で育ってこないのでしょうか。

理由の1つは、日本の偉い人たちが「国際会議の場で英語で賢い意見を発表したり、質問をすること」をそれほど重要だとは思っていないからです。

今、世界的に注目を浴びている地球温暖化問題は、あたかも「CO_2本位制」を導入しようとしているのではないかと、疑いたくなるほど、グローバル・ビジネス・ルールを大きく変えようとしています。

鳩山新政権はCO_2排出量を2020年までに1990年比で25%削減すると国際公約しました。この中期目標は、例えば、日本の鉄鋼会社の環境投資負担を大幅に増加させるだけでなく、排出権購入負担も強《し》い、CO_2排出量削減義務を負わない中国・インドの鉄鋼会社との国際競争を不利にします。「温暖化による世界ルールの変更」で製造業の競争ルールさえ将来的には変わっていくのです。だから日本もグローバルレベルの英語と欧米の発想が理解できる人を交渉人としてルール作りの段階で送り込む必要があります。グローバルな世界で日本の意見をロジカルに説明し、日本にとっても有利な国際ルール作りをしていくことが不可欠なのです。

２００９年夏、英国でクリーン・コール会議が開かれたとき、私は参加しました。CO_2削減問題はもはや金融問題化していっているからです。

会議に出て少々驚いたことがあります。それは２０２０年以降は、石炭火力発電所にＣＣＳ（CO_2を回収し、地下に貯蔵する技術。石炭使用量は30%増えるが石炭火力発電所から出るCO_2の70%を回収・貯蔵可能）を組み入れることをＥＵや英国が国際ルール化しようとしていることです。ＣＣＳは技術としてはまだ完成していないのですが、ＥＵや英国は２０２０年以降、ＣＣＳの義務化を国際ルールにしようと動き出しています。

電力会社を顧客として20年以上カバーしてきている私は、危機感をつのらせ、プレゼンターであるインペリアル・カレッジの教授に「英国のように北海でCO_2を100年分貯蔵できる場所がある国は有利でしょうが、日本のように『地下に貯蔵場所がない』国にとってはCCS導入の義務化はアンフェア・ルールになりませんか」と、質問してみました。

教授は「CCSが国際ルール化された場合、英国は北海油田を掘ったあとの穴があるので問題はないが、日本や韓国は貯蔵する場所がないので不利だ」と言いました。

この会議では、ほかにも驚いたことがありました。それは、日本の磯子石炭火力発電所は、熱効率が世界一なのですが、**プレゼンターはデンマーク・ドイツの話はしたものの日本の熱効率技術については素通り。こうした「日本パッシング」は、国際会議場ではよく行われていると聞きます。**

地球温暖化問題の会議は、ますます重要な国際ルール作りの場になってきています。中国は、とてもきれいな英語を話す30代後半の女性をスポークスマンにして、国際会議や英BBCの温暖化番組で、中国の立場を説明させています。

日本も、英語を使ってグローバルで発言できる温暖化の専門家を養成し、彼らに世界の場で日本のCO_2削減目標、アクション・プラン、日本の環境技術などについて発言して

もらい、国際的な注目を集めることが必要だと痛感します。

若い世代には、候補者がたくさんいるはずです。日本のプレゼンスと環境技術で日本が世界に貢献する、という観点からも、急ぎ整えるべきです。

第2章

上司を育てる「部下力」

仕事の悩みは千差万別、十人十色ですが、悩みの原因は実は単純なことです。「組織のルールを知らない」こと。残念ながら、そのルールを懇切丁寧に教えてくれる先輩や上司は案外少ない。そのルールを私は若い人たちに伝授したいのです。一見、面倒くさそうなルールです。でも、心得ておけば仕事はぐんとスムーズに進み、ステップアップの強い武器になります。そこには人生を滑らかにするヒントが数多く含まれています。

9

ミーティングに遅れない

大手企業の幹部には「会議でどんなに立派な意見を言おうと、1分でも遅れて来たら、その人へはバツの評価をつける」と言う人たちがいます。彼らは「約束の時間は必ず守る」という教育を受けてきているので、「こういう簡単なことができない若者」には我慢がならないのです。

「ミーティングに遅れない」ルールに関しては40代以上と20代では温度差があります。メッセージの受け取り方が違うのです。例えば課長が「10時からミーティングする」と言った場合、今の20代の多くは「10時前後に会議室へ入ればいい」と解釈し、10時に5分遅れて会議に行ったりします。5分遅れようが、5分早く行こうがそれは大事な問題ではないのです。だから、遅れたことで課長が怒ったりすると「5分遅れることでそんなにガミガミ怒らないでくださいよ」と、怒った課長に言い返したりするのです。

こういう若い社員はミーティングに遅れるだけでなく、報告書の締切も守れなかったりします。そして自分が課長になったときに「ミーティングに遅れることは他の人たちに迷惑をかけることだ」ということを初めて理解するのです。

ミーティングに遅れるかどうかは「本人の心がけ次第」です。遅れてしまう癖のある人たちは30代になる前に直すべきです。

英国人は時間厳守な国民です。英国企業の課長が部下たちに10時から会議を始めるというと、彼らは9時55分に席を立ち、会議室に入ります。そして10時になったらすぐ課長が会議を始められるように待っています。一方、課長は会議が何時に終わるかをあらかじめ参加者に伝え、よほどのことがない限り、会議をその時間内に終えるのです。会議で質問時間を設けるときも、その場で1人3分以内と伝え、できるだけ多くの人に話すチャンスを与えます。参加者の1人が長い質問をして時間をかなりオーバーした場合は、「1人3分ですからそこでストップ」と言い、他の人に質問させます。

私はたまに、セミナー講師として会議に出ます。英国でセミナー講師をするときは決して起こらないことが、日本では起きます。それは、事前に1人当たりの持ち時間を主催者側から与えられているにもかかわらず、その持ち時間内にスピーチを終えないばかりか、自分の持ち時間の倍、話をしてしまう「偉い人」がたまにいることです。

持ち時間15分と言われているときでも30分間話をする人がいます。中には確信犯ではないかと疑ってしまいたいくらい長く話し続ける人がいます。本人が偉すぎるので主催者は注意をしないのです。そして聴衆の顔は「早く終わってくれ」という顔に変わっていきます。

こういう「偉い人」がいると、時間を守らない若い人たちに「直せ」と厳しく言うのは難しくなります。

10

メールの情報管理

毎日メールがたくさん来ます。こういうメールに返事を書くだけでお昼になってしまい他の仕事が遅れるときもあります。だから、返事に時間がかかりそうなメールはついつい後回しにしてしまったりします。後回しにしてしまうと、その後も返事をするのを忘れて、後で先方に謝りのメールを書いたりすることが年に何回かあります。

メールを受け取ったらいつまでに返事をしたらいいのでしょうか。

金融ビジネス社会では、**「メールを受け取ったらその日のうちに返事をする」**がルールです。

返事に時間がかかるようなメールを受け取った場合は「今日はすぐ返事ができないので水曜日までにお返事致します」といった短いメッセージを相手方に送ります。すぐ返事をくださいと書いてきているメールに返事ができない場合は、午後までに送りますと書いて一応簡単に返事を送っておきます。

偉い人たちの中には、その日のうちに返事をするというルールをナンセンスだと言う人たちもいます。理由の1つは「すぐ送ったら上司としての権威がなくなる」「役員から役員へのメールだったらその日のうちでいいが、副部長から来たメールは、部下だから2日後に返事する」などといった、「偉いということに対するこだわり」です。

その結果、メールという便利な伝達手段の効率性が低下してしまうのです。

課長から、直接メールが来たりすると「飛び越えた」といってイライラする役員がいます。課長は、もちろん部長へCCを入れているので、それほど問題はないと思うのですが、「連絡の順番」にこだわる役員がいるのです。

メールは組織の各層をすっ飛んで上の人と連絡を取ることを可能にした情報伝達ツールなので、受け取った偉い人は「若い人が送ってくるのにはそれなりの理由がある」といって好意的に取ってくれる場合もあります

メールで怖いのは、こちらが送ったプライベート・メールを関係ない人に転送されてしまうリスクです。

本人の知らないところでこういうことをされると本当に迷惑です。

フランスの銀行にいたとき、フランス人の幹部から来るメールは短く、事務的なこと以外は書かれていませんでした。

システム部のメンバーは、読もうと思えばすべてのメールにアクセスできるようになっているので、幹部は警戒して必要な要件以外は書かないのだという説明を受けました。メールには「何月何日15時にミーティングをしたいのですが、空いていますか」といった事務的なことを書き、ミーティングを開く理由などは書かず、会ったときに自由に意見交換をすることが多かったのです。

日本の会社の人たちは、プライベートなことや「会社のメールにこんなことを書いていいのかしら」と思ってしまうことを書いてきたりします。また、仕事を探している人が、自分の履歴書を会社のメールに添付して送ってきたりします。情報管理に関しては若いときから、学んでおいたほうがいいと思います。

11

「見た目」を大事にする

「仕事ができるならどんな服装をしていても関係ない」と言う人がたまにいます。本当にそうでしょうか。私は見た目を大切にすることは、中身と同じぐらいか、それ以上に大事なことだと思います。

例えば、教会の牧師さんがTシャツを着て、同じことを言っても信者は真面目には話を聞かないでしょう。銀行員もそうです。お金と信用で仕事をする銀行員がTシャツとジーンズでクライアントを訪問したら、仕事が取ってこられなくなると思います。

服装には「この人を信頼してもいい」と思わせるそれなりのドレスコードがあります。男性の場合、基本はスーツです。スーツの色は自由に選べますが、この自由には見えないルールがあります。

基本は濃紺と濃いグレーです。

理由はシティーカラーだからです。派手な色を選ぶと「チープな目立ち方（安っぽい目立ち方)」と思われ、損をします。

服装で大事なことは目立ち方です。

英国やフランスの社員は、さりげない目立ち方に気を使います。さりげない目立ち方とは、スーツは基本色を維持し、ネクタイやポケットチーフの色や柄を変えることで変化を楽しむことです。

コンセプトは「地味で清潔感が漂う服装」

ネクタイは、原色を避け「地味めの柄」を選び、ネクタイピンはしません。靴は履きやすい靴を選び、靴下はズボンの色に合わせるのがルールです。

英国人は見た目で「秘めた自信」を出すのが上手です。つまり、身なりを通して、自信を表に押し出すのではなく、抑えた自信を漂わせるのです。

公式なパーティーや会議に出るとき、各国の代表はダークブルーのスーツを着ていきます。2009年のサミットでの麻生太郎前総理の服装について、英国人の友達に「日本は洋服の国ではないことは理解しているつもりだけど、誰か止められなかったのかな」と言われてしまいました。

なぜなら、彼は1人だけ薄い色のスーツで首脳会談に出席したからです。その場にそぐわない服装で行くと第一印象で損をしてしまいます。

日本でも女性が勲章や褒章を受け取るときは色留袖がふさわしいとされています。洋服にも日本の着物に似たルールがあるのです。もちろん、ファッションに関してはいろいろな意見を持っている人がいますから、麻生さんの薄い色のスーツを「あれでいいんだ」というファッション・コメンテーターがいるかもしれません。

しかし、G8などの国際会議は「おしゃれを競う場所」ではないので、出席するときは濃紺のスーツで行くことをお勧めします。

こういう「見た目」のルールは20代のときに習得したほうがいい。欧州の服装文化を理解している人に教えてもらえばそれですむことなのですから……。

スーツの色についてもう一言書いておきます。

英国の場合、茶色のスーツやチェックのジャケットはビジネスの場ではタブーです。英国人にとって、茶色は土の色であり、週末田舎で過ごすときに着るジャケットの色です。

チェック柄は普段着です。しかし、女性の場合は白と黒のチェックなどのジャケットはビジネスの世界で着ても大丈夫です。

英国のオフィス街のエレベーターには鏡がついています。「見た目」も大切にする英国では、お客様に会う前にエレベーターの鏡を見てネクタイが曲がっているかどうかチェックできるようにしてあるのです。

人は中身も大事ですが、見た目も大事です。

12

「できません」と言ってはいけないわけ

上司に仕事を頼まれたときに「できません」と断るのを「かっこういい」と思っている部下が増えているそうです。本の影響かもしれません。

彼らは断ることで「自分の存在感」を証明できると勘違いしているようです。

部下の中には上司の困った顔を見るのが好きな人もいます。

しかし、余程の理由がない限り、上司に仕事を頼まれたときには「できません」とは言わないのが組織の鉄則です。

数年前にメーカーの課長さんから実際に聞いた話です。

海外事業が拡大し、ロシアに駐在員事務所を作ることも検討しなければいけなくなったので、部下のK君に「ロシアの経済や雇用情勢を調べて報告してくれ」と頼んだところ、「私はロシアのことは何も分からないのでできません。他の人に頼んでください」と、すぐに断られてしまったのだそうです。

「分からないことを前提に頼んでいるのだから、分かる範囲で調べて1週間後に報告するように」と再び言ったところ、

「僕は今の仕事が忙しいのでできません。A君は比較的時間があるので、彼に頼んでもらえますか」と言われたとのこと。

「できませんと堂々と言われると本当に困ってしまう。『お前、俺の言うことが聞けないのか』と怒りそうになったが、気持ちを抑えて他の部下に頼んだ。課長として舐められているんだと思う。もう二度とKには仕事を頼みたくない」

これが課長さんの本音でした。


このような事例は、思い当たる人が多いのではないでしょうか。

K君は大事な「組織のルール」が分かっていません。**彼は断ることが自分のキャリアの将来性を狭めることに気がついていないのです。**

上司が部下に物を頼むときは、いくつかの例外を除いて、ほとんどの場合「彼は仕事ができるから、この仕事もきちんとやってくれるだろう」との期待から頼みます。

大不況時代が到来し、利益が下がり始め雇用はますます不安になってきます。**不況下**

はみんな忙しく働いていても売り上げが伸びないときですから、能力が同じだったら、性格のいい部下のほうにチャンスが行きます。

「分かりました。やってみます」と言って気持ちよく引き受け、結果を出していく部下には2度目のチャンスも行くのです。

いい仕事をしてくれた部下への評価が高まり、次の仕事も、そしてその次の仕事も行くようになるのです。

あなたは1回ぐらいと軽い気持ちで「できません」と言っただけと思っているでしょうが、その1回が命取りとなり、2回目以降のチャンスをゼロにしてしまいます。

あなたが見る景色と上司の見る景色が違うことに、若いあなたは気がついていない。だから、こういうことが起きてしまうのです。

「できません」の一言は年功序列を壊すときもあります。

「できない」と断る28歳のBさんと、

すぐ引き受けてくれる25歳のAさんがいるとき、

25歳のAさんのほうに仕事を覚えるチャンスが行ったりします。

不況が深刻化している現在、会社はできるだけコストを削減しようとします。

上司に頼まれたことをBさんより3歳も若いAさんが「分かりました。頑張ります」と言って引き受け、いい報告書を提出したりすると、上司は「25歳であっても28歳の部下と同じぐらい仕事ができ、かつ性格がいいのなら、25歳のほうがいい。人件費も安くてすむ」となってしまうのです。

そして上司は次の仕事もAさんに頼むのです。Aさんに仕事が行くことが、もし3年続いたとしたら、Bさんは、3歳年上であっても、実績の点では年下の同僚に大きく引き離されてしまいます。

若いときは、仕事を覚えることが大事です。

仕事はそのうちに覚えるというようなものではなく、自らが覚えようと積極的にならない限り、そしてあなたの上司が仕事を振ってくれない限り、覚えられません。

ですから、今後は「知らない」とか「忙しい」を理由にして断るのはやめてください。決してあなたのためにはならないからです。

13

自分の評価に不満があるとき

分からないことを聞くのは若い人たちの「特権」です。

上司によっては「君は○○さえも知らないのか」と文句を言う人もいるかもしれません。でも、そういう上司だって若いときにはあなたたちと同じぐらい知らないことが多かったのです。

仕事を早く覚えるためのルールは「分からないことは質問する」です。

知っている人に教えてもらうことで、仕事は早く覚えられます。

ですから、少々嫌味を言われても聞き続けてください。

しかし、分からないことであっても、内容によっては聞くのが難しいものもあります。

「上司があなたにつけた悪い評価」もその1つです。

シンクタンクで仕事をしていたK子さんのケースです。

彼女はシンクタンクのために必死になって仕事をしてきたのに、上司に悪い評価をつけられボーナスがほとんどもらえなかったと落ち込んでいました。

「私の上司は男性社員には悪い評価をつけられないと思っているようで、男性にはAとBの評価をつけ、私たちのような、年間契約の女性社員にCをつけたようです。仕事内容は正社員と全く同じなのに、契約社員という理由で、上司は『低い評価をつけてもいい』と思ったようです。

上司とはこの話をまだしていませんが、相談した男性研究員は上司に会いに行くことを勧めてくれています。

海外で修士を取ってきている私は『君の、英語で仕事ができる能力を買いたい』と言われたから入社したのに、いいかげんな評価をつけられて困惑しているのです。

最近はやる気もなくなり、辞めようかとも思っています。

でも、辞める前に上司に『私がなぜCしかもらえなかったのか。なぜあまり仕事をしていないB氏がAなのか』を聞きたいのです。どういう言い方をしたらいいのかアドバイスをください」という内容でした。

悪い評価をつけられたときの質問は、とても難しいのです。

特に女性の場合、質問をするのに慣れていないので感情的になり、

「単なる愚痴」を言いに来たと思われたりします。

その結果、さらによくない印象を与えてしまうことになります。

こういう場合は、上司に会いに行く前に、ミーティングの目的と、何をどう言ったらいいのかを自分なりにまとめておく必要があります。

私は3つのことを彼女にアドバイスしました。

① **静かに質問をすること。**

② **不公平だといって上司を糾弾しないこと。**

③ **質問しても本当のことを話してもらえないときもあると覚悟して会いに行くこと。もし上司に賢くはぐらかされたら、何を直せば来年はAをもらえるのかを質問すること。**

部下の評価を苦手とする上司は意外と多いのです。

私の友人の中には「最初の3人ぐらいまでは真面目に評価をするが、その後は、紙を見ながら、彼らが書いてくれた自己評価を見ながら、どちらかというとエイ・ヤーで決めてしまう。そうでないと時間がかかってしょうがないから」と言う人さえいます。

フランス企業の人事評価は、日本のシステムと似ていますが、英国企業の人事評価は、文章形式を採用しています。

上司は部下の業績について10行くらい毎年書いていかなければなりません。

日本の企業では、上司は部下への評価を本人に見せませんが、英国やフランスの企業では、評価を部下に見せた上で、丁寧に説明をしなければなりません。

上司は部下に対して説明責任があるのです。そして、上司が自分に下した評価について不満があれば、上司の評価欄の下の欄に、自分の言い分を自由に書いていくことができます。

もし部下が上司の不満を5ページ書きたければ、書くことができます。

部下のコメントは、上司のそのまた上司と人事部が必ず読みます。

こういう組織ルールがあれば、上司はもっとひとりひとりの部下の評価を真剣に考えるでしょうし、部下は評価に対するストレスをK子さんほどためないですむかもしれません。

14

上司にかわいがられる部下になる

就職した後、若い人たちが最初に悩むことは上司との関係です。

英国の企業に入ったとき、社員研修の際に「会社で仕事をするということは、赤の他人が集まった組織で仕事をすることであり、そこには好きな人もいれば嫌いな人もいる。趣味が合わない人もいれば、価値観を共有できない人もいる。仕事をするということは、自分と合わない人たちがいる組織体で、利益を出すという同じ目標に向かって、協力し合って仕事をしていくことだ。このルールを最初に理解するように」と言われました。

英国企業の社員は、コミュニケーションをよくするためにお互いに努力します。しかし、どんなにコミュニケーションがよくても、上司と部下の間には縦のラインが存在します。上司は指示を出し、部下がそれに従うのです。

「自分は上司より頭がいい」「上司より仕事ができる」と思っている若者がかなりいます。それは誤解で、多くの場合は上司のほうが仕事ができます。

英国やフランスの組織では若い人たちは「上司にかわいがられる部下」になるための努力を惜しみません。

かわいがられる部下とは決して上司にゴマをする部下でもなければ、上司のために滅私奉公する部下でもありません。

① ここ一番の時に上司を立てる

日本の組織でも珍しくはありませんが、英国やフランスの部下たちはここ一番のときに上司を立てます。

仕事を取りに行くとき、最初は現場がやりますが、取れそうになると、上司に「お出まし」を願います。十中八九仕事が来ると分かったときに、クライアントのところへ上司を伴って行き、「上司がいるからこの仕事が取れたのだ」という手法を取るのです。

こういうことをすることは仕事を取ってくるプロセスとして大事なことです。また、仕事が取れた後で、部下は「上司からクライアントへ送る礼状の下書き」をして上司に目を通してもらい、クライアントへ送ります。これが部下の上司への思いやりでもあるのです。

②　上司に尽くす

私が仕事をしていたフランスの銀行本店幹部が東京へ出張に来たときのことです。偉い人たちはミーティング前にブリーフィング・ペーパーに目を通します。フランスの銀行のブリーフィング・ペーパーは表紙の真ん中を横10センチ、縦5センチくり抜いて、そこに3つの情報を入れます。

会社名と会う人の名前、そしてミーティングが終わる時間です。

こうすることで、ミーティングの途中にお客さんの名前を忘れたときでも、名刺に目をやることなしに、ブリーフィングの資料をちらりと見ることで「○○常務はどう思われますか」といったふうにお客さんの名前が自然に出てくるのです。

ミーティングが長引いたときにも、終了時間が分かっていれば、次のミーティングに遅れないように時間をコントロールできます。

もう1つ東京の幹部がしなければいけない仕事があります。それは本店幹部がパリに戻る日までに、訪問した企業の社長や幹部用に礼状を代筆して秘書へ送り、幹部が翌日パリ本社に出社したときは、サインだけをすればクライアントへ送れるようにアレンジをすることです。これが部下が上司のためにする気配りです。

部下たちは本店幹部のために仕事をすることを光栄だと思い、「尽くす」ことで従業員満足を得るのです。

③　上司の間違いを直さない

部下が絶対してはいけないことの1つに、クライアントとのミーティングの席で上司が何か間違ったことを言ったとき「部長、それちょっと違います」と、上司の間違いを指摘し、恥をかかせたりすることです。

あなたは「僕は絶対そういうことはしない」と言うかもしれません。

でも、自信のある若い人たちの中にはこういう人たちが意外に多いのです。

上司が間違ったとき、部下はどうしたらいいのでしょうか。

そういうときは、部下がクライアントに「上司が今説明したことに、1つだけ補足させてください」と言って、先方に気づかれないような形で、訂正をしていくのです。

お客様の前で極力恥をかかせないように最大限の配慮をするのは部下の仕事です。その場合、部下が上司を助けてもそれを手柄にしてはいけません。なぜならお互い様だからです。あなたはまだ若いと思っていても、自分が思っている以上に早く40代に到達します。そして、上司になったら、今度は部下があなたのためにカバーに入ってくれるのです。だから持ち回りだと思ったほうがいいでしょう。

④ 上司が欲しい情報をできるだけ早く渡す

英国で仕事をしていたときに、どんなに世の中が進歩し、またIT時代になっても、上司と部下との関係は「縦の関係」で、これは普遍的であり、この関係は変わらないことを知りました。

部下は上司の指示をよく聞き、上司を敬います。このルールは米国やフランスの企業でも同じです。

上司に「日本の自動車メーカーの欧州における工場数とその規模について調べてくれ」と頼まれると、みんな必死になって調べ、できるだけ早く上司に渡そうとします。新卒の社会人になったばかりの社員であっても、部下と上司との関係（ルール）を理解していて、彼らが上司にかわいがられる部下になろうと努力しているのがよくわかります。企業である限り、どこで仕事をしようと、上司に引っ張ってもらわなければ上にあがれないという「見えないルール」を知っています。


日本の20代の女子社員を対象としたセミナーで
「上司の言うことは聞かなければいけないのでしょうか」

と、質問されたことがありました。

「あなたはどう思いますか」と聞き返すと、

「上司の意見に同意できるときは聞きますが、上司と私との意見が違うときは、私の意見に従ってもらいたいと思います。なぜなら私のほうが現場を上司以上に分かっているからです。上司にいろいろ言われると、仕事がしにくくなります」

という考えでした。上司の意見を尊重するという感じではないのです。


もちろん、上司が現場の話に耳を傾けることは大事です。残念ながら彼女の頭の中には「部下は上司の指示に従う」というルールが入っていなかったのです。私は、こういう人には「会社はサークルとは違うのです」と話します。そしてもっと、企業のルールについて勉強するように促します。

もう1つ実例を挙げてみます。金融機関のセミナーのグループディベートで話をしているとき、「いい上司とはどういう人をいうのでしょうか」と聞いてみました。すると「好きなことをやらせてくれて、でも自分が失敗したときは代わりに責任を取ってくれる上司」との答えが数人から返ってきました。

私はそんな上司などいないと答えました。

部下は、自分がお給料をもらっている理由をもっと考えなくてはいけません。

この項でご紹介した4つのルールを習得すると、どういうプラスがあるかを次に書きます。

15

上司を出世させる利点

東京にある英国系の金融機関A社で仕事をしていたとき、上司を出世させることが部下の仕事であることを学びました。また上司に引っ張り上げてもらう部下になることの大切さも学びました

80年代の初め、私はA社で在日総支配人補佐として仕事をしていました。

ある日、在日代表の部屋に来るように言われ、彼から新しいプロジェクトにすぐ取りかかるように頼まれました。

当時A社は日本の事業を拡大するために、名古屋事務所の支店昇格と福岡駐在員事務所の創設を大蔵省（現・財務省）銀行課に申請していました。総務部長が担当責任者だったのですが、支店開設手続きがスムーズに行かず6か月も遅れてしまったため、胃を悪くし、突然入院してしまったのです。

そこで大蔵省に友人のいる私におハチが回ってきました。

英国人の上司はとても困っている様子でした。

「このプロジェクトは私の出世にとってとても大事なプロジェクトであり、失敗は許されない。あと4か月しか時間は残されていない。君には今やっている仕事をA君に預けて、この仕事に専念してほしい。

仕事内容は総務部長がやり残した仕事を終えること。

私は1年前に本店にいる上司に6か月で名古屋支店昇格と福岡駐在員事務所開設の仕事は終わると報告しているので、今さらダメだったとは言えない。

君は上司である私のためだけでなく、私の上司のためにもこの仕事を完成しなければいけない。そのことを理解するように」と言われました。

「君の年収は上げる。それからこのプロジェクトに関しては予算と人をつけるから明日までにいくら必要かを教えてくれ」とも言われ、実際に次の日から私の年収は30％上がりました。

お給料は1年に1回しか上がらないものだとばかり思っていたので、突然の昇給に本当に驚いてしまいました。

このプロジェクトは私に4つの組織のルールを教えてくれました。

① 上司を出世させたら、その後、自分も引っ張り上げてもらい、出世できる。

② クライシス・マネジメントに参加した部下は出世が早くなる。

③ 自分の責任以外の仕事であっても、上司が困っているときは気持ちよく話を聞いて助けるべきである。

④ 上司が給料を上げてくれるといったら「いらない」とは言わないこと。

私はこのときまで、部下にとって、上司を出世させることが組織のルールであることを知りませんでした。上司があまりにも困っていたので、その上司の失敗を回避するために必死になって週7日朝から晩まで仕事をし、仕事を無事終えました。

睡眠不足がたたり、名古屋で新幹線の最終に乗ったときはホームを間違えて、新大阪行きへ乗ってしまい、一晩京都に泊まって翌日東京へ帰ってきたこともありました。

結局、私は2つの懸案の認可を大蔵省からもらい、上司は無事に「大出世」をして本店に戻っていきました。

彼の昇進が発表になったとき、再び部屋に呼ばれました。

「君は僕のために一生懸命頑張ってくれた。だから、今度は僕が君に何かしてあげる番だ。君はかねてから、投資銀行部門の仕事をしたいと言っていたね。その夢をかなえてあげよう。ロンドンに転勤したいのなら、グループ内にある投資銀行へ行けるよう推薦状を書いてあげるからいつでも言いなさい」と言われたのです。

当時の投資銀行部門は実績があまりなかったため、私は上司から推薦状をもらい英国の投資銀行である、シティーの老舗投資銀行へ移りました。

「こういうことで人は出世したり給料が上がったりするんだ」と、目から鱗の体験でした。

16

プレゼンは事前に練習をする

日本の偉い人たちの中にはプレゼンの事前練習を極端に嫌う人たちがいます。彼らは練習は「頭の悪い人がすること。頭のいい人は前もって練習をしなくてもいい」と決めてかかっています。どうしてそんな考え方が出てきたのかは分かりませんが、中年男性の美学のようです。

事前に資料などに目を通さずに、ぶっつけ本番でスピーチやプレゼンができる政治家や経営者を「かっこういい」と思っているのです。

小泉純一郎元総理も事前にブリーフィング・ペーパーに目を通さなかったそうです。

しかし、実際にプレゼンを成功させるには事前の練習が不可欠です。

頭がいい悪いに関係なく、プレゼンターは練習をしなければならないのです。

どんなに人前で話すのに慣れている人でも、事前練習は必要です。

フランスや米国の企業のトップも、著名な政治家も、公の場でプレゼンするときには、十分に時間をかけて事前練習をします。

練習をしていると、本番で違いがはっきり出ます。

上場している企業の幹部は、メディア向けに決算発表をするときには、何回か事前練習をします。

私の仕事の1つは企業のＩＲ（Investor Relations 投資家説明会）に関するアドバイスですが、上場企業が赤字に転落したとき、それをどうマスコミ向けに発表するかは経営幹部が思っている以上に重要な仕事です。

ＩＲ用の資料作りからメディアミックス、プレゼンの仕方に関してもアドバイスが必要です。プレゼンがうまくいかないと、翌日の株価が大きく下がったりするからです。

もちろん、決算数字を変えたりすることは論外です。ただ、どういう内容で発表するのか、誰がどこをどう説明し、「今の利益の低下は一時的なもの。中期計画を見れば分かるように将来的には純利は増えていく」といったメッセージがアナリストやメディアに伝わるよう、裏方としてアドバイスするのです。

企業が赤字に転落したとき、その会社のトップの説明がシドロモドロだったり、数字がすぐ出てこなかったり、アナリストの質問に的確に答えられなかったりすると大変です。アナリストやメディア関係者の信頼を失ってしまうからです。

ひと昔前は、「私は口下手なので人前では説明ができない」という人でも、実績を上げていれば、評価されていました。今はそれでは通用しません。

聞き手が分かるように話ができる人は、いろいろな面で得をします。お客様からも好かれます。

つまり、プレゼン・スキルは20代から身につけておくべきものなのです。**社内ミーティングやお客様とのミーティングの際のプレゼンであっても十分に時間をかけて練習してみてください。練習に時間を費やすことでプレゼン・スキルは磨かれていきます。確実にうまくなるのです。**

事前練習以外にプレゼンを成功させるには次の5つのルールを覚えておくことが大事です。

ルール1　訴えることに優先順位をつける
ルール2　結論を最初に言う
ルール3　棒読みをしない
ルール4　できるだけ資料を見ない
ルール5　質問を受けたときには「質問ありがとうございます」というのを忘れない

最後に1つだけ、プレゼンで注意することを書いておきます。
「しゃべりすぎないこと」です。
プレゼンの最後で話に熱がこもり、話が止まらなくなる人がよくいます。
しゃべりすぎは禁物です。

17

メモは相手のために取る

ほとんどの人は、メモは「自分が忘れないために取るものだ」と思っています。もちろんメモは自分のために取りますが、それはメモを取る目的の半分で、残りの半分は相手のためなのです。

あなたは「どうして、相手のためにメモを取る必要があるのか」と疑問に思うかもしれません。しかし、ミーティング中にあなたがメモを取ると「あの人は私の話をよく聞いている」とあなたを好意的に思い、メモを取らないと「あいつは人の話を真面目に聞いていない」と否定的に思ってしまう上司、クライアント、偉い人たちはたくさんいるのです。

私自身もセミナー講師として壇上で話をしているとき、話を熱心にメモしている参加者を目にすると「彼は私の話を真面目に聞いている」と思いますし、メモをしている人がほとんどいないときは「今日の参加者はあまり意欲がない」と思ってしまいます。

アクビをする人を3人でも見つけると、心からがっかりして、話をする意欲をそがれてしまいます。

5~6年前に米国の著名な学者A教授に、政治家のBさんを紹介したときのことです。将来有望な若手政治家Bさんから「A先生との意見交換の場を設けてもらいたい」と頼まれ、アレンジしたディナーでした。私はたまたま別件で同席できませんでした。翌日、A教授に「ディナーはどうでしたか」とあいさつ代わりに聞いてみたのです。

A教授は、

「Bさんは優秀な政治家だと思います。しかし、私の話をよく聞いてくれていたかどうかは分からなかった。

私が貴重なアドバイスをしていても頷《うなず》くだけで一度もメモを取らなかったのです。これにはちょっと驚きました。

私は何十年も日本の政治家にアドバイスをしてきていますが、元総理のC氏のような立派な人でも、私の話を聞くときにはメモを取ります。

ところが、Bさんは一度もメモを取らなかったのです」と、私の想定外の返事が返ってきたのです。

この日以来、私はA教授に会うときは、必ずメモを取るようにしていますし、もちろんBさんにも「今後、お話を聞くときは、相手のためにもメモを取るようにしてください」と助言しました。

以前お客様とランチを食べていたときに、その方が「最近、弊社の若い社員の中には会議にノートを持ってこない人が多い。会議で重要な話をしているのに全くメモを取らないし、私の話を聞いているのかどうかも分からない。『メモノートを持ってこい』などと言うのもシャクなので黙っているが、最近は、これまで常識だったルールもわざわざ口に出して若い人たちに言わなければならなくなってきた。とても残念だ。こんな簡単な常識は学生時代に身につけているはずなのに」とぼやいていました。

時と場合によっては、「メモをしてもいいですか」と断らなければいけないときがあります。メモを取ると、発言内容を変える人がいるからです。

マスコミの人たちはメモを取らないで相手の話を聞くことが多いようです。「もし忘れそうになったらどうするんですか」と新聞記者の友人に聞くと、覚えておかなければいけない貴重な情報を入手したときは「ちょっとお手洗いに行ってきます」と言って「トイレの中で急いでメモをする」とのことでした。

また、言うまでもないことですが、小さなミーティングでも、話している上司は、案外聞いている人たちの手元が見えているものです。

メモを取るふりをして、違うことをしていたりするのは、雰囲気で分かってしまいます。自分が話す立場になったとき、聞いている人にどういう態度を取ってほしいか、と考えてみると、取るべき態度が分かりますね。

18

顧客担当替えは失敗とは言わない

営業部で仕事をしている若い人たちの中には、仕事を取ってこられないことを上司に隠す人がいます。仕事ができないと思われたくないからです。

中には、仕事が来ないとハッキリしていても、ミーティングメモに「来そうだ」と書いて、そのまま数か月以上引っ張り「努力したにもかかわらず、最後の最後で、タッチの差で競合他社に仕事を取っていかれてしまった」と上司に報告する人もいます。

知らないのは上司だけ。仕事は初めから来ることはなかったのです。

私も何度かこういうことを部下にされたことがあります。

部下はここまで「話を作る必要」はありません。

なぜなら10社カバーしていたら、数社から仕事が来ないのはごく当たり前のことだからです。

営業担当者だったら誰もが知っているルールです。

若いときはまだルールが見えていないので、「何が普通で、何がおかしいか」を理解するのに時間がかかり、仕事が来なかったりお客様とうまくいかなかったりすると「自分のせいではないか」と思い込んで、悩んでしまうのです。

私も若いときに、お客様とのアポイント（面会予約）がなかなか取れなくて意気消沈しました。「自分が若いからだろう」とか「女性だから会ってくれないのだろうか」と悩んだものです。

当時は、アポイントが入らないことは誰もが経験することだとは知らなかったので、2回、3回と電話して、その都度「○○さんは離席中です」と言われると「居留守を使われているのではないか」とさらに不安になったものです。

そして、何日も経っても連絡が取れないと「A社の○○さんから嫌がられているのではないか。どこがいけなかったのだろう」と自分を責めていました。

普段からよく仕事をもらっているお客様であっても、担当者が替わると、急にアポイントが入らなくなったり、仕事が来なくなったりする場合があります。担当者が替わらなくとも、その上司が替わったりすると、来るはずだった仕事が急に競合他社に行ったり、「うちの部長は来年役員になるかもしれないので今は新しいことは何もしたくない心境なので」という理由で、動いていた案件が急にボツになったりします。

こういうことは誰にでも起こることなので、1人で悩みすぎないで先輩や上司と相談してください。

お客様と「アポが取れない」という悩みを抱えていたとき、私は思い切って上司に相談しました。彼はあっさりと、

「うまくいかないお客様がいるのは当たり前。それは君だからではなく、営業担当者は誰でも経験すること。そんなに悩まなくていい。

10人カバーしていたら3人ぐらいがたくさん仕事をくれ、あとの4人は少しだけ仕事をくれる。しかし、残りの3人からは全く仕事をもらえなかったりするものさ。

うまくいかないお客様は必ずいるから心配しないように。その3人分のお客様は担当を替えるから後で名前を教えるように」と言われました。

上司は「それは誰もが経験することだ」と言い、ほとんど気にしませんでした。

同僚がクライアント数社から全然仕事をもらえないで悩んでいたときにも、「君とウマが合わない3社の名前を教えてくれ。担当を替えるから。君が一生懸命カバーしてもダメなんだったら、現在仕事をくれている7社のお客様を一生懸命カバーしてもっと仕事が来るように頑張ってくれ。君が悩んでいる3社は、君が仕事を取れなくとも、他の担当者とはウマが合って、仕事につながるかもしれない。新しい担当者に誰が適任か考えてみる」と言われたそうです。


日本企業で友人が担当替えになったことがあります。

彼の上司は、まるで「世も末」とでも言うかのように、大騒ぎをして、彼の替わりを担当に据えたそうです。

彼は別のお客様から仕事を取ってきていたにもかかわらず、減点主義の犠牲となり、「失敗した」と思い詰めてしまいました。


私の英国人上司との対応の違いに驚きました。

友人の上司も「大事なことはチームで総合的にクライアントから仕事を取ってきて収益を上げること。社員もいろいろな性格の人たちがいるように、クライアントにもさまざまなタイプがいるので、ミスマッチはよくあること」と彼に言ってあげればいいのに……と思ったものです。

「うまくいかないお客様がいるのは誰にもあること。ごく当たり前」

というルールを知っただけで、当時若かった私たち部下のストレスはなくなりました。

上司も、少なくとも部下よりは経験を積んでいるのですから、チームで仕事をしていくときに、部下をどう励まし、やる気を出させるのか、よく考えて行動するべきだと思います。

19

モチベーションが上がると企業利益も上がる

人生を豊かに生きていくには、毎年**「自分目標」**を作ることが大事です。夢や目標を持って毎日を送るのとそうでないのとでは、生活の張りが違ってきます。

大きな目標でなくともいいのです。身近な体験から目標を作り、自分をほんの少しだけ去年と違う自分に高めてみてはどうでしょうか。

あなたがもし営業をしているのなら、仕事をくれるお客様の数を20社から2社増やし、今年は22社から仕事をもらうのが目標と決めてもいいのです。

そして、まだ仕事をもらえていない2社からどうやって仕事を取ってくるのかについてアクション・プランを立ててみてください。

アクション・プランが立ったら、22社からもらう年間売上目標値を月ごとに割って、月次計画と実績を見比べるのです。その違いがなぜ起こったのかを自分なりに分析してください。こうすることで、自分の仕事に関してやる気が出てきて、おのずと自分の仕事に誇りを持てるものです。

押しつけられたのではなく、自分で計画を立てた目標値に対しては目標が実現するように頑張れます。人は自分で作った数字に対して責任感を持つからです。

この「自分目標」を作ることは実生活にも役立ちます。

今まで忙しくてコンサートや映画観賞をしたことがない人は、1か月に1回、映画を見に行くという目標を立ててみてはどうでしょうか。

映画を月1回見に行く目標を決めると、あなたは何の映画が上映されているか、ネットで検索するでしょう。そしてどの映画を見に行くかが決まったら、今度は誰を誘うかを考えるでしょう。

友達・恋人・親・親類の人といった具合に考えるようになります。

そして、いつ行くか、つまり週末なのか仕事が終わった後にするかと考えます。女性の同僚と行くと決めた場合、映画を見る前にレストランで食事をしたくなるかもしれません。

映画を月1回見に行くと決めた目標のおかげで、あなたの生活は自然に豊かになっていくのです。

人生を豊かにしていくことに、実はお金はあまりかかりません。

週末にいろいろなことをしながら心を豊かにすることができます。動物園や水族館に行ってもいいのです。カルチャーセンターで語学や油絵や陶芸を習って、仕事以外のことに関心を持ち、心を豊かにすることもできます。「今年はお料理ができるようになる」という目標を掲げ、料理教室へ通って料理を覚えるのもいいかもしれません。

仕事以外の楽しく、充実した時間を持つことで、あなたの毎日にメリハリができ、仕事も今まで以上に効率が上がるでしょう。

不況期は売り上げも下がり、コスト削減も全社で実施されていくので、結果を出す経営をするためには、社員ひとりひとりが自己目標を作り、目的のためにモチベーションを上げて仕事に取り組んでいくことが大事です。

夢や目標があるほうが、社員は「頑張ろう」という気持ちで仕事に励みます。

英国の金融機関で働いていた若かりし頃、会社に指示されて「モチベーションセミナー」に参加したことがあります。

図1. 社員のモチベーションが上がると、利益は大幅にアップする

例1　2008年度

売上高	200億円
売上原価	100億円
売上総利益	100億円
販売管理費	80億円
営業利益	20億円

例2　2009年度

売上高	220億円
売上原価	110億円
売上総利益	110億円
販売管理費	80億円
営業利益	30億円

仮説…2008年から2009年にかけて社員のモチベーションが10％上昇（例2）したため、売上高は10％アップしたと仮定。モチベーションが上がるにはコストはかからないので人件費（人件費は販売管理費に含まれる）は上昇しない。営業利益は1年間で50％上昇。

講師が、社員のモチベーションが1割アップすると、利益が1・5倍になるという表（図1・簡単な損益計算書）を使いながら、モチベーションを上げる経営がいかに大事かを説明していました。

もちろんこういった表は分かりやすさを重んじて作られているので、どちらかというと「大げさな表」になっています。

しかし、社員に目標を作らせ、社員がその目標を実現させるために頑張ることで、同じ人件費でモチベーションがアップし、利益が大幅に伸びることは企業にとってはグッド・ニュースです。

不況である現在、この表は社員に「目標を作って頑張る理由」を教えてくれます。

この表から、「なぜ結果を出す経営のために目標値を作って社員のモチベーションを上げさせることが大事か」を学ぶことができます。

20 失敗をなぜ隠さずに上司に伝えるか

大きなプロジェクトに従事していたとき、部下が自分の失敗を隠したために、お客様に結果的に迷惑をかけてしまったことが何度かありました。

フランス人の部下を持っていたときにも同じような経験をしました。

こういう経験からの反省もあり、失敗は大きくならないうちに報告するようにと私は部下に言い、以下の5つのルールも守るように指導しています。

① **報告書は誤字脱字を直してから上司に見せる**

報告書に誤字脱字があっても直さないで提出する部下がいます。報告書の誤字脱字を直すのは部下の仕事だと思います。20代のときに、誤字脱字を直すのは自分の仕事であることを理解しておくべきです。

② **上司に注意されたら1回で直す**

ロンドンで仕事をしていたとき、ニューヨークから転勤してきた上司は2つのことを私たちに約束させました。1つは上司に注意されたことは1回で直すこと。もう1つは、上司に質問があるときは、上司が部下を探すのではなく、部下が忙しい上司を探し、上司の時間に合わせてアポを入れること。

③ 上司の話をよく聞く

若い人たちの中には、上司の話を聞くのを苦手とする人たちが結構います。英国では、親の話をよく聞かない子供に対しても、なぜ人間は、口は1つなのに耳は2つあるのかという話をします。答えは、子供が話す2倍、親の話を聞くため、です。

④ 仲のいい上司であっても一定の距離を保つ

「親しき仲にも礼儀あり」というルールは英国にもあります。部下によっては上司に誘われて一緒に飲みに行くことが続くと、上司に対して慣れ慣れしくなっていく人たちもいます。これは禁物です。

どんなに上司を敬い、上司に部下として期待されていても、そこには常に一定の距離を保っておくこと。それが大事です。

⑤ 怒られ上手になる

上司との関係をよくするには、上司の癖を理解しておくことは大事です。なぜなら表面上の性格が必ずしもその人のキャラクターとは限らないからです。

大声を上げて怒る上司は、どちらかというと気が小さい。たぶん、気が小さいことを隠すために「大きな声を上げている」のだと思います。

また、怒る上司の中には、自分の知らないことを聞かれたときに、それを隠すために大声を上げて怒る人もいます。

部下たるもの、上司が怒り出したらその理由を考え、受け流すことがたまには大事なのです。

21

「課長の仕事」を20代で知っておく意味

課長になるまで10年も20年もかかるのに、なぜ今「課長の仕事」について知っておく必要があるのか……と、訝《いぶか》しがる部下もいるかもしれません。

理由は2つです。

1つは、年功序列が崩れて、あなたが期待しているより早く課長になる時代が近い将来訪れるので、そうなる前に「課長の仕事」を知っておく必要がある。

2つ目は、課長は現場のリーダーであり、管理職の一番下です。**課長の仕事を部下たちが理解することで、課長への不満は減るし、リーダーである課長をもっと敬うようになると思うからです。**

部下たちはなぜ、係長より課長の言うことをよく聞くのでしょうか。

課長が「評価と予算」という権限を持っているからです。

つまり、課長は部下の評価をし、あなたのボーナスなどを決められるのです。

また、課の予算を持つので、小さな意思決定（外部へ依頼するときの業者を決めるなど）は自分で決済できます。

現場のリーダーとしての課長には現場からの情報が入ってきます。部長には現場からの話は課長を通じてしか入りません。一方、会社の意思決定（コストを5％削減するなど）は部長から課長に入り、課長は部下に伝えます。

課長には上からの情報も、現場からの情報も入ります。

課長職は若い人たちが思っている以上に責任の重い大事な仕事なのです。

課長になると損をするという人がいますが、その理由の1つに課長職から、残業手当がつかなくなることが挙げられます。

私の友人たちは「管理職の中で課長職が一番大変だった」と言います。現場の仕事を抱えながら管理職の仕事をするので時間管理が非常に難しいからです。

また、初めて予算や評価の責任者になるので係長のときに比べ、慣れるまで責任が重くのしかかってくるからです。しかし、次長や部長の仕事は課長職に比べれば楽です。

役員になると有能な部長以下のチームがサポートしてくれるので、もっと楽かもしれません。だからまず課長になることを目指しましょう。

年功序列が崩れかけています。あなたが課長になるころには、部下の半分が年上かもしれません。年上の部下を管理するのが嫌だから課長になりたくないという女性が私の周りにもいます。

外資系企業の東京支店では、35歳の日本人課長が40代の部下を何人も持つような人事が平気で行われています。同じ日本人なのに、彼らはなぜ普通に年上の部下を管理できるのでしょうか。

理由は簡単です。

外資系では、人事部には人事権がありません。上司が、部下の人事とボーナスの額を決めるのです。ですから、年齢に関係なく昇進・昇給を決める権限を持っている上司に部下は従うのです。

22

若いことがマイナスにならない話題を持っておく

組織で仕事をするなら、同僚との違いを見せながら上司や周りの人たちの信用を得ていくことが大事です。

「経理に関してはA君の右に出る人がいない」とか、**「企業の社会的責任に関してはC君が一番よく知っている」**とか、何か同僚ができなくて、あなたができる専門分野（つまり、きらりと光るもの）を持っていることがこれからは特に大事になります。

次にどういう専門分野を持ったらいいのかという問題ですが、もちろん仕事に関連していることを専門として持っていくのが理想です。例えば今は地球温暖化の問題でいろいろな企業がCO_2排出削減問題に取り組んでいます。

こういう新規分野は20代であろうと40代であろうと「初めから勉強していかなければいけない分野」ですので、若くても会社に貢献できます。

専門分野を選ぶ際に、考慮しなければいけないことは２つあります。

●自分がもっと勉強してみたいと思っている分野であること。

●長期的な関心を維持できる分野であること。

例えばイタリアへ旅行に行くのが好きな人は、イタリアの歴史やファッションの専門家になってもいいでしょうし、犬が大好きな女性なら、ペットについて物知りになればいいのです。テニスが得意な人は、世界のテニスマッチやテニスのルールの専門家になろうとすればいいのです。お金を増やしたいと思っている人は、証券会社の個人投資のセミナーで勉強を始めてもいいでしょう。

専門分野をどのようにして仕事に生かしていくのでしょうか。

仕事以外の専門分野を勉強中であることは公言する必要はありません。

しかし、上司や同僚と飲みに行き、仕事以外の話になったとき、イタリアの歴史について話してみればいいのです。

食事をしているときに、お客様の話が脱線し始めたら、あなたも仕事以外の、やわらかい話を提供したほうがいい場合があります。

こういうときに、若いことがマイナスにならない話題を提供して、上司とは違った形でクライアント・ミーティングに貢献するのは大事なことです。

ちなみに私の場合は、長く海外で仕事をしてきているので、日欧の建前の違いとか、日欧米の経営マインドの違いについて話をしたりします。

例えば、英国でミーティングをした場合、日本のお客様が帰る前に、英国人は「今日はとてもいいミーティングでした。またお会いしましょう。次にロンドンに来るときには是非、連絡してください」と言います。日本のお客様は「またお会いしたいと言われた。うれしい。次に来るときは是非とも連絡しよう」と解釈します。

しかし、いくつかの例外を除いて、英国の経営陣がこう言ったとしても、額面通りに受け取ってはいけないのです。

彼らは社交辞令で言っているだけなのですから……。

私はこういう話をよくクライアントと話します。若い人たちも、これを機会に3つぐらい、年齢に関係なく話ができるトピックスを持っておくとよいと思います。

23

仕事ができなくても出世する人はいる

仕事ができなくても出世する人がいるのは、日本だけではありません。欧米にも、日本ほど多くはありませんが、います。

日本の場合は、上司と仲がいいかどうかといった好き嫌いの物差しで昇進が決まる場合が多いので「どうして俺でなくあいつが課長なんだよ」というケースが、かつてはよくありました。

人事異動の時期になると「Yさんは仕事を1つも取ってこなくても、昔から部長のイエスマンなので部長が出世すると引っ張り上げてもらい昇進している。不公平だ。うちの評価はいいかげんなんだから」と文句を言っている中間管理職にバーで隣合わせたりします。また、若い人たちでも仕事のできない同僚が先に係長になったりすると、課の雰囲気が悪くなるときがあります。

男性社会の中で数少ない女性として長く仕事をしてきたせいか、仕事ができなくても出世する男性たちをたくさん見てきました。その一方で、結婚もしないで全人生を仕事のために捧げてきた仕事のできる女性が、会社の縛りで課長以上は昇進できず「悔しい」と言って涙を流したケースも見てきました。

出世には当たりはずれがあると思います。私は若いときから「仕事ができなくても出世する人がいる」現実を認め、自分自身は「その都度、いい仕事をするよう努力すること」をモットーに生きてきました。

友人の中には「仕事ができる人は出世しない」と断言する人もいます。

「仕事のできる人間は自信があるので自分の意見を主張し、敵を作ってしまう。企業人事はほとんど好き嫌いで決まるから、みんなに好かれる人でないと出世できない。みんなに好かれたいと思っている人はリスクを取って新しいことをする人間でないのだ」と言うのです。

極端な例ですが、人によっては麻雀がうまくて出世した人もいますし、上司のカラオケ仲間となって出世した人もいます。社長のお嬢さんにお婿さんを紹介して、偉くなった人もいます。もっと極端な例では、社長に愛人がいることを奥様に隠し続けたことを買われて、役員になった秘書室長もいます。

仕事ができない人が上司になると部下は困ります。**仕事ができなくても出世する人はどこでもいるということを認める力があると、ストレスをためないで生きていけると思います。**

24

長時間働いても評価されないわけ

35歳を過ぎてくると、「毎晩遅くまで仕事をしているので、上司がそんな自分を評価して、課長が異動するときに後任にしてくれるかもしれない」と期待しながら仕事をしている女性もいます。

しかし、上司の見ている景色と部下が見ている景色が違うことがよくあります。

銀行の調査部に仕事のできる女性社員がいました。

彼女は慶応大学を優秀な成績で出て、就職してからは毎日夜遅くまで仕事をしていました。上司に頼まれた仕事はいつも期限を守り、期限に遅れそうになると睡眠時間を減らして、同僚がうらやむほどいいレポートをいつも提出していました。

私も彼女に対する上司の評価は高いと思っていました。

でも、上司の評価は必ずしも高くありませんでしたし、男性の同僚に比べ出世は少し遅れていました。

彼女の上司は私の友人だったので、ビジネス・ランチをしているときに聞いてみました。

「彼女は毎日夜遅くまで残っていて、会社のために仕事をしているじゃないですか。レポートもよくできているし…」と言うと、

「彼女は独身で、時間はたくさんある。それにボーイフレンドもいないし、仕事が趣味みたいなものだから会社に遅くまで残っていられるんだよ。家族がいるわけでもないので、妻や子供のために早く帰る必要もない。土日だってファミリーサービスのためにつぶれるわけではない。いいレポートを書くのは当然だよ。僕たちと違って、彼女には時間があるのだから。彼女に欠けているのは協調性。同僚と一緒に仕事をしていくのが苦手なんだよ」と言い、**夜遅くまで仕事をしていることへの評価はほとんどなかったのです。**

こういうことは外資系金融機関でもあります。男性幹部は仕事ができる独身女性に必ずしも同情的ではありません。

総務部にいるC子さんは30代後半になり、課長になることを夢見て毎晩遅くまで仕事

をしてきたのですが、会社は、仕事をよく知っている彼女ではなく、外部から課長を連れてきたのです。C子さんはとてもショックを受けていました。

部長は理由を2つ挙げていました。

① スタッフとして仕事ができることと、現場のリーダーとしての仕事ができることは別である。

② 自分の部下の女性は、課長になりたくない人ばかりだと思っていた。

フランスの銀行でも同じようなケースがありました。フランス系金融機関の東京支店で仕事をしていたときのことです。当時、証券化業務が日本でもできるようになり、私たちはノンバンクのために資産の証券化の仕事をしていました。

急に仕事が増え、東京オフィスの人間だけでは期限を守れないことが分かったので、パリの本社と香港から2人の応援部隊を送ってもらいました。

香港から来た中国人の女性は米国でMBAを取った、仕事がよくできる頑張り屋さんでした。毎日朝8時半に出社して、夜1時ぐらいまで仕事をしていました。あまりによ

く仕事をするので私はパリから出張で来ているR部長に
「彼女はすごく頑張っている。私も彼女のような部下が欲しい」
と言ったところ
「彼女は独身なので時間はたっぷりあるんだ。僕みたいに毎晩妻や子供に電話するためにホテルに戻る必要もないし、だから放っておいても平気だよ。結婚している僕たちとは仕事に対する時間配分が違うんだよ。僕も独身時代は彼女と同じだったよ」
と言って、全く何とも思っていないのです。
それどころか、当然と思っているようでした。
男性女性にかかわらず、独身で長時間仕事をしている人は、上司に
「長く仕事をしているのは当たり前。独身で時間があるのだから……」と思われがちで、独身社員は案外、それに気づいていないのです。

第3章

日々の積み重ねの「普段力」

今の自分に100点満点をつける人はいないはずです。よりよい自分になるには「変わること」を恐れてはいけません。まず簡単なことから始めましょう。コツコツと小さなことから努力を積み重ねていくことが大事です。そして10年経ったら見違えるように変貌し、成長した自分を発見するはずです。結婚のこと、夫婦のこと、子育てのことなど、私の人生経験も盛り込みました。自分をよりよく変えるヒントは、人生のさまざまな場面にある。そのことを覚えておいてください。

25

毎朝5分間で1日の仕事の優先順位を決める

英国で仕事をしているときに、同僚たちが毎日会社に着くなり、5~10分かけてその日やる仕事を予定表に書き出し優先順位を決めるのを見て、「なるほど。これが仕事の効率を上げるコツなんだ」と思いました。

彼らは1年に1回、A4サイズの予定表を買い、そこに〝毎日やること〟を書いていきます。1日が1ページになっているA5サイズの予定表に書き入れ、終えたものに斜めの線を引いて消していく人もいます。

こうすることで、今日の仕事がどこまで終えたかがよく分かるし、1か月ぐらいして「A社に電話したのがいつだったっけ」と思ったときに、予定表を見れば、すぐに分かります。

今日何をすればいいのかを忘れてしまう人がよくいます。それは自分が今日しなければいけないことをメモしておかなかったのが原因だったりするのです。

毎朝5分間でいいので、机に向かって、夕方会社を出るまでにAとBとCをするといった具合に簡単にメモ書きしておけば毎日の仕事が驚くほどはかどります。

書いていくときに、何を午前中にして、何を午後にするかを決めるのが大事です。社内会議やクライアントとの会議は主に午後に入れます。午前中は人間の仕事効率が上がる時間帯なので、お客様への連絡やアポ取り以外は社内レポートや報告書作成といった仕事に当てます。

お客様も10時ぐらいまでは自分の席にいることが多いので、お礼のメールなどは朝一番でするのがよいでしょう。

「会社へ行ったらまず、今日することを書き出す」というルールを習得するだけで、あなたの仕事の効率が上がり、自分自身が変わり、生活に豊かさが与えられたことに気づきます。

私は〝変わる〟ということは難しくないし、ほんの少しの心構えがあれば、人は変われると思っています。

しかし、若いときには、どこを変えたらいいのかがよく見えない上に、変わるというのは一度に大きく変わることだと思い込んでいるので、変化に向けて動き出せないのです。

車を運転していて右に曲がるときに、急に大きく右へ曲がる必要がないように、人生でも、ハンドルを徐々に切っていくことで、振動も少なく信号を無視せずに変わっていく方法があるのです。

変わりたいと思っている若い人たちへのメッセージは、

大きく変わろうと試みるのではなく、「少しずつ変われ」です。

山登りを想像してみてください。1合目から斜めに歩いていって2合目に行くのがコツであり、山に向かって真っすぐ縦に歩いていこうとすると、息切れもするし斜面もきつくて、なかなか登れないものです。

「ちりも積もれば山となる」と念じながら、少しずつ無理のないように試みていくのがいいのです。

次の章に書いていますが、英語が大嫌いだった私が英語をマスターしたのはまさに、地味な毎日の「少しずつの努力」でした。

26

時間管理の大切さとは

いい仕事をするには自分の時間を効率よく管理していくことが大事です。

その際のルールは睡眠時間を減らさないこと。

こうしたルールを習慣にしてしまうことが大事です。

大学受験を目指していた高校時代、クラスの担任は「4当5落」が合格の条件と生徒に話し、私たちはそれを信じていました。

「4当5落」とは、毎日4時間しか睡眠時間を取らずに猛勉強すると大学に合格し、5時間睡眠を取る人は入試に失敗する、つまり夜も寝ないで必死に勉強しない限り「いい大学には合格できない」という教えで、そのころの私は「4当5落」でなければ受験はパスしないと信じていました。

高校生の私には、睡眠不足が「勉強の効率を下げる」といった発想はありませんでした、受験に必要でない科目は勉強しなくていいと思っていました。受験のために好きなことを1年間我慢するのも当然だ、と思っていました。

だから好きなスキーやピアノもあきらめ、テレビもほとんど見ないようにしていました。たまに映画を見たりすると、「なぜ見てしまったのだろう」と罪の意識にかられ、今思い出してもつらい毎日でした。

テレビを見ていても「勉強しなければならない」という強迫観念が頭から離れず、毎日が縛られているような感じでした。

所変わって英国の高校。娘のアリカが英国の進学校、セント・ポール女子高校に合格したとき、主人と一緒に入学式に行きました。

校長先生が保護者を前にスピーチした内容に、私は新鮮な驚きを感じました。

校長先生はこう言ったのです。

「皆さんのお子さんたちは今日から高校生ですから、彼女たちに時間管理の仕方を学んでもらわなければなりません。

効率のよい時間管理の仕方を学校で教えていきますが、マスターするためには家庭でお父さんお母さんたちの協力が不可欠です。

ただ長い時間勉強していれば成績が上がるというものではありません。

大事なことは、効率のよい勉強法を高校時代に習得することです。

だらだらと勉強していても能率は上がらないし、頭脳にもよくありません。

人間が1日に集中して勉強できる時間は5時間ぐらいです。皆さんのお子さんたちがそれ以上勉強しようとしたら止めてください。

頭を休ませることも、勉強の生産性を上げるために必要です。

1週間に1日は勉強しない日を作ってあげてください。その日は、1日頭をゆっくり休ませるのです。スポーツをしたり、友達に会ったりして、できるだけ勉強のことを考えずに過ごすことが大事です。

メリハリのきいた勉強法を習得することが、いい成績を取ることにつながります」

私は感動しました。私自身、日本の高校だけでなく大学でも時間の管理について教えてもらったことはありませんでした。

娘のクラス担任の仕事の1つは、期末試験のスケジュールを生徒たちに作らせ、アドバイスをすることでした。

ある日クラス担任から生徒たちは
「期末試験まで2か月あります。あなたは5科目試験を受けます。どういう時間配分で勉強すればベストの状態で試験を受けられるか、その予定表を自分で作ってみてください」という宿題をもらいました。

娘なりに考えて計画表を提出すると、クラス担任は3つのことを彼女にアドバイスしました。

① 帰宅するのは夕方5時なので、月曜から金曜日までは自宅で勉強する時間は3時間以内に抑えること。

② 金曜日の夜は勉強をしないで気分転換に使うこと。

③ 土曜日か日曜日のうちの1日は頭を休める日（勉強しない日）にすること。

アリカは15歳にして時間の管理の仕方をクラス担任のアドバイスを受けながら学びましたが、**もし時間管理のノウハウを高校時代に学んでいたら、私たちも「長時間勉強ではなく、効率よく勉強するルール」を習得できたと思います。**

普段から、効率よく集中して仕事をすることを実践していれば、仕事以外のことをする時間も生まれ、もっと豊かな人生を歩んでいけるのではないでしょうか。

多くの犠牲を払わなくても、いい仕事ができる。そのことを学んだ入学式でした。

27

コツは「今日からやる」

仕事をしていると、どうしても「今日は疲れているのでやりたくない。明日やる」と言いたいくらいに「気分が乗らない日」が出てきます。

次の日になるとまた「今日も気分が乗らないので明日やる」と言いながら、後回しにしてしまったりします。

こういうときの解決策は、「今日からやる」と自分に言いきかせることです。

どんなに仕事ができる人でも「気分が乗らないとき」があります。

クライアントに自分ができないことを頼まれたときなどは「心配とストレス」で仕事に集中できなくなったりします。

英国人はそういうとき、少し休んで田舎へ行き、気分転換をしますが、有給休暇を取ることが難しい日本ではそれはできません。気分が乗らなくなったとき、私はお昼休みに外へ出て、ひたすら歩き続けます。そうすると、気持ちが少し落ち着くのです。

気分が乗らなくなった原因を分析し「明日まで延ばしても仕方がない」と自分に言い聞かせます。そういうふうにしているうちに、今日からやったほうがいいという気分がわいてくるのです。

若いとき「明日やる」と思いながら4～5日何もしないで過ごしてしまい、そのことでますますやりたくなくなり、自己嫌悪に陥ったことが何度もありました。

でも、こういうことを繰り返したある日**「自分をそんなに責めるぐらいだったら、今日からやったほうがいい」**というルールを見つけたのです。

最後は自分でしなければ結果が出せない。その結論にたどり着きました。

子供を産んだ後、何度かダイエットに挑戦しました。

それまで9サイズだったのが11になり、さらに13サイズになってしまったのです。しかし、仕事柄お昼の接待や夕食の接待が重なり、今日は接待があるのでダイエットはできないといった具合に毎日先送りし、私のダイエットは失敗の連続でした。

そんなある日、久しぶりにロンドンから東京へ戻ってきた友人A子に会い、ひと回りほっそりしたA子を見てビックリしました。

「やせるコツは何?」と聞くと
「食べないこと」。そして、

「今日からやると自分に言い聞かせ、今日から始めること」

と言われました

ダイエットほど、誰にでも平等に、努力の結果が見えるものはありません。

普段から「今日からやる」というルールを頭に刻み込んでおくことで、あなたはどんな場面でも、結果を出せる人間に成長していくのです。

28

あなたを強くする「絶対やる」の一言

ビジネスの世界では「絶対やる」という、静かな大人の強さが大事です。とりわけリーダーを目指す人には不可欠な要素です。

プロの仕事師になりたければ、20代のうちからそういう自覚を持たなければなりません。

会社を経営していると、ハラハラさせられることがときどきあります。

例えば、人繰りがうまくいかずお客様から言われた報告書の提出期限が守れないのではないかと不安になるとき。

その原因がお客様からの資料提出が遅れたせいであっても、「期限通りに報告書を提出してください」と言われると、期限を守るように動かなければなりません。

要求が常識を外れていない限り、私は「絶対期限通りに提出しますのでご安心ください」と言います。しかし、その前に約束が守れなかったときのリスクは何かと考えます。

リスクはそのお客様から2度と仕事が来なくなることと、レピュテーション（風評）リスクです。

「提出期限を必ず守ります」と言うときに、不安がないといえばウソになります。しかし、「やります」と言うことで「責任感」が生まれます。

私は、責任感を持つことによって、内なる強さが徐々に育ってくることを若い時分に学びました。難しい仕事をやり遂げるルールの1つは「絶対やる」と「逃げない」ことです。

「絶対やる」という覚悟があれば、人は冷静になり、ハラハラしてストレスをためても仕方がないことに気づきます。

また、騒いでも、騒がなくても結果が変わらないことを知ります。

こういう「絶対やる」という気持ちを社員がチームとして持つことが重要です。

上司から、今までやったことがない仕事を頼まれるとき、部下はいつも説明しようのない不安にかられます。特にどこから始めていいのかが分からない仕事を頼まれた場合、とても不安になります。

そういうときは、**仕事の目的と上司が何を結論として探しているのかを聞き出し、後は「絶対にやる」という逃げない気持ちでぶつかると「仕事上手」になっていきます。**

内なる強さがあっても、できない仕事はできない。そんな覚悟だけではやれないものがやれるようになるとは思わない、と反論する人もいるでしょう。

その通りです。

英語を話せない人が、絶対話せるようになると決めてもすぐには話せるようにはなりません。

歯医者さんだって、20代ですぐインプラントをできるようにはならないのです。

でも考えてみてください。20代でやる仕事は、ほとんどが、実はできない仕事か、今まで自分がやったことのない仕事です。

このことを普段から知っておくことが大事です。

20代とはこういう不安な状況に置かれている「仕事を覚える期間」なのです。

だからこそ「絶対にやる」と自分に言い聞かせることが「仕事を覚えるコツ」です。

和傘職人や花火師などが持っている「物作りの職人気質」が、実は私たちの仕事にも必要なのです。

知らない仕事をするとき、やりたくないと思いながら仕事に向かう場合と、絶対やると言って仕事に向かう場合では結果が断然、違ってきます。

もちろん、やると言って頑張ったほうがいい結果が出ます。

20代では気がつかなくても、10年というスパンで振り返ってみたとき、「自分はずいぶん精神的に強くなった」ことに気がつくのです。

この繰り返しで人はメンタル面でも徐々に強くなっていくのです。

29

離婚してもいいから、結婚はしてみる

英国で仕事をしているとき、一生独身で仕事をしている女性が少ないことを知りました。金融街シティーでは女性の管理職は少なかったのですが、出版・広告業界などで仕事をしている友人たちは、男性と同じように、結婚し、家族も作り、なおかつキャリア・パスもあきらめない生き方を選択していました。

週末には子供と一緒に出かけたり、ミシンに向かって好きな洋服を作ったり、ケーキを焼いたりして過ごしているキャリア・ウーマンを身近に見て、彼女たちが人生を豊かに生きていることが分かりました。

こういう生き方だったら私にもできると思って、私も始めたのです。

英国で仕事を続けたことで、私は、仕事と家庭の両方を選択しても「欲張りではない」ということを知りました。

私が若かったころ、「結婚しない女」という言葉がもてはやされていました。

しかし、私はそういうツケを払ってまでキャリア・ウーマンにはなりたくないとずっと思っていました。

結婚は何千年も続いている制度で、古くから続いているものにはそれなりのよさがあると考えていたからです。

世の中が進歩したからといって、今まで続いている制度を否定し違う道を選んだりしたら、年を取ったときに大きなシッペ返しを受けるような気がしてなりませんでした。

仕事を続けて、結果的に独身のままでいるのは仕方がないものの、自ら欲して独身を選択するのは間違いだと思っていました。この気持ちの裏には女性として生まれたからには、一度は子供を産んで育ててみたいという思いがあったからです。

英国で仕事を始めたとき、ワーキング・マザーとして仕事をしている英国人の友人は、私にこう言いました。

「人生は一度しかないんだから丁寧に生きないとダメよ。

結婚をあきらめるなんて、とんでもない。

仕事を維持するためにそんなツケは払わなくてもいいの。

いい仕事をするにはプライベートも充実していなければいけないからね。

そのためには、大変だけど若いときに3つ（仕事・結婚・子育て）を同時にやれるように自分の時間配分を工夫するのよ。

それから、子供は産まない限り大きくならないのだから、まず若いときに1人は産んでおくことね。産んだら成長していくから。

仕事ももちろん大事だけど、自分の子供が初めて歩き出したときの親の喜びも味わうのよ。仕事とは別の幸せと豊かさを与えられるから。

若いときに人生が豊かでないと、その後も豊かにならないのよ」

こう言ってくれた友人もいました。

「1人で生きていくより2人で生きていくほうが、困難は乗り越えられる。1人だったらできないことも2人だとできることって意外と多いのよ」

全くその通りだと思いました。

7年前にLSE（London School of Economics）の図書館で少子化問題を調べていたときでした。英・独・オランダ・アイルランド・スウェーデンの夫婦1000組に、子供を作りその成長にかかわっていくことが人生最大の幸せの1つかと聞いたところ、80%の人たちがYESと答えていました。

英国やフランスの働く女性の生き方を見て、私も仕事だけでなく、私生活も充実するキャリア選択を自然にするようになりました。

「選択するということは何かを捨てること」と人は言います。

私は米系投資銀行で働きながら子供を2人産んだとき、人の使い方が荒っぽく離婚率が高い米系投資銀行では、もう仕事をしないことを決めました。

ヨーロッパ系の投資銀行のほうが、仕事、結婚、子供の3つを維持しながら、バランスの取れた生活が送れると思ったからです。だから、CSFB以降、米系で仕事をすることはあきらめました。

30代独身の女性・男性が増えています。彼らには「離婚してもいいから一度は結婚するように」といつも勧めています。

独身もいいかもしれませんが、2人で人生を作っていき、仕事とプライベートを豊かにしていく体験も大切だと思います。

30

妊娠をいつ上司に伝えるか

妊娠をいつ、どうやって上司に伝えるか。働く女性には難問です。働きながら結婚して子供を産むのが当たり前の英国でも結構難しく、私も苦労しました。

妊娠が分かり、上司に「出産休暇を3か月ください」とおうかがいを立てると、「2か月にしなさい」と言われてしまいました。

シティーでも営業の最前線にいる女性は少なく、上司が対応に慣れていなかったのです。当時、邦銀が転換社債を発行し始め、私は超多忙。自分で言うのもおこがましいのですが「長く休まれると痛い」人材だったのです。

予定より6週間も早く長女を産み、結局、3か月の休暇を取って復帰すると私の机がありません。

「解雇されたのか」と一瞬思いましたが、所属する部が機構改革した直後で、手違いのため机が消えていただけでした。

３年後に長男を産むときには、出産休暇はなしでした。不況で解雇される人たちが続出し、怖くて妊娠したなどとは言えなかったからです。

今までに外資系企業で数多くの妊娠、出産のドラマを見てきて、英国と日本の違いを痛感しました。

まず、妊娠が分かっても英国ではすぐには上司に報告しません。早く言っても、流産してしまうと産休を取る必要がなくなるからです。長女のとき、妊娠３か月で上司に報告しようとすると、友人が「安定期に入る６か月まで待ったほうがいい」とアドバイスしてくれました。医者に相談しても「その通り」という答えだったのです。

妊娠しても英国の女性は普通に仕事をします。彼女たちは妊娠していても行動パターンを変えないのです。妊娠３か月でスキー旅行に行く人もいます。私も７か月まで海外出張をしていました。

妊娠を上司に伝えるとき、とても大事なのは、上司を安心させる気配りを欠かさないことです。

「妊娠しても仕事の能率を下げません」とか「急に、懸案の仕事ができなくなるわけではありません」などと、パブリシティーすることが大事なのです。そうしないと、男性の上司は不安でいっぱいになってしまうからです。

日本でも結婚して共働きをしている夫婦が増えていますが、まだフランスほどではありません。フランスでは働くお母さんがたくさんいます。政府が法改正をして女性が働きやすい環境を作っているからです。子供が3人いるお母さんは水曜日の午後は会社を早退できます。フランスでは30代女性の85%が仕事をしているのです。

フランスの銀行で働いているとき、ロンドンから東京支店に転勤になりました。フランスは家族が一緒に生活するのが当たり前と考えているせいか、本社の人事部は単身で東京へ転勤しなければならない私を心配して、人事部長が質問してきました。一番最初の質問は、「年に何回ロンドンへ戻りたいのか。2か月に1回?　何でも言って。あなたが家族と会えるように予算をもらってきてあげるから」。

子供の教育費に関しても「会社の都合で転勤になるのだから、会社が子供の授業料を支払います。あなたはどういう教育が自分の子供たちにベストなのかを考えて学校を選べばいい」と説明してくれました。

日仏の働く女性への対応の違いは、今はとても大きい。しかし、読者のみなさんは信じないかもしれませんが、10年もしないうちに、日本の企業もフランスのようになっているると私は思います。

女性が働きやすい企業は、男性にも働きやすいからです。

31

「好き」を仕事に

「『好き』を仕事に」とよく言いますが、若いうちは自分が何をやりたいのかがよく分からないものです。野球選手のように、若いときに何をしたいかがはっきりしている人もいますが、多くの若者は何をしたいか分からないか、やりたいことがいくつかあり、決められないままに毎日を過ごしています。

80年代サッチャー政権下の英国ではyouth unemployment（若者の失業者）が社会問題化していきました。高校の卒業直後に就職しようとして仕事を探しても見つからず、一度も仕事に就くことなしに失業者リストに名を連ねる高卒就業希望者が20％近くに達したからです。

理由の1つは、若者に経営者側が求めているスキルがないこと。

でも、もっとも大きな原因は、

「自分が何をしたいのか」「自分には何ができるのか」が分からない若者たちが増えた

ことでした。

その対策として、英国政府は高校で教える学科の幅を広げ、従来の教科以外に経営について学ぶ「ビジネス・スタディーズ」や、俳優になりたい人たちのための「ドラマ・コース」、ＩＴ専門家になるための「コンピューター・サイエンスコース」や、将来企業の広報部で仕事を探したい人のための「コミュニケーション・スタディー」などといった学科を新設し、高校卒業国家試験の科目として認めたのです。

高校側も対策を考え、ある高校では例えば毎月１回、卒業生３人に学校へ来てもらい、自分の会社と職業について説明してもらったりしています。

例えばジャーナリストになった卒業生は、ジャーナリストとは何をする仕事か、もしジャーナリストになりたいならどういう大学の何学部を受けたらいいのか、そのためには受験科目として何を選択すべきかなどを生徒たちに説明します。生徒たちとＱ＆Ａの時間を作り、「好きなこと探し」に協力をしているのです。

一方、政府は高校３年生に最低１週間の職業体験を義務づけ、高校生に働くことはどういうことかを実際に体験させています。彼らが将来仕事に就く前に、毎日朝9時半から夕方6時まで仕事をするということはどういうことかを実体験させているのです。

大学生の場合は3か月ある夏休みにサマージョブに応募して「仕事の経験」をできるだけ多く得て、「自分のやりたいこと」を探し、就職に役立てます。

サマージョブは普通の新卒と同じようにお給料をもらうことができます。この制度は、学生たちにとっても企業側にとってもメリットがあります。なぜなら、学生たちは休暇中に働くことで、自分がやりたいと考えている仕事が本当に自分に合っているのかどうかを確認できるし、企業側は3か月間学生が実際仕事をするのを観察して、本当に就職してもらいたい学生であるかどうかを決められるからです。

友人から電話をもらい、「うちの息子が大会社に就職したにもかかわらず、会社を辞めたいと言っている。とんでもない奴だと怒っても、辞めたいと言ってきかない。一度会って話を聞いてくれ」と言われたことが何回かありました。

親が怒っているケースがほとんどでしたが、実際会って話を聞くと、礼儀正しい息子さんであることが多かったのです。

自分の仕事が、自分がやりたいと思っていたこととは違うので会社を変えたいと、真剣に悩んでいるケースがほとんどでした。

親に強く反対されていることもあり、思い詰めている若者も中にはいました。

私は「好きを仕事にすることは人生を豊かにするためにとても重要なことだ」と、常日ごろから考えているので、コーチングを買って出たりしました。

欧州では若い人たちは新卒で就職し3年ぐらい仕事をして、お金をためてから自分探しの世界一周旅行へ出かけたり、海外の大学院へ行って、1年間勉強したりして「自分が長期的にしたいこと」を探し出します（フランスの大手企業には、大学院へ行きたい社員が2～3年間休める休職制度もあります）。

30歳までは、何度か仕事を変えても、そのつど変えた理由がはっきりしている限りは、次の仕事を探せます。探しにくいときには大学院へ行って、大学院卒業資格を取って就職をリセットしたりします。

今は不況の真っただ中なので、仕事を変える人は少ないと思いますが、日本でも仕事を変える若い人たちが今後は増えてくるのは間違いないでしょう。

32

自分がハッピーでないと人を幸せにできない

結婚したてのころ、仕事と家庭との両立のリズムがつかめず、遅く帰宅しても、必死になってご飯の支度をし、翌日も早く起きて朝ご飯の支度をし、日々疲れ切ってしまうことがありました。仕事をしているから、家庭をおろそかにしていると夫に思われたくなかったのです。

週末は掃除、洗濯をして、妻としての仕事をこなしたつもりでした。お料理するときにも、いつも夫に何を食べたいのかを聞いて、彼の好きなものを優先して夕ご飯の支度をしていました。

投資銀行の仕事はハードだったので、時間をやりくりをするのが結構大変でした。

夕ご飯に何を食べたいかをたずねたある日、歴史学者の夫にこう言われました。

「ちょっと待って。君も僕も2人とも仕事をしているのに、君は妻だから僕のために家事を全部やらなければいけないと決め込んで、どんなに疲れてもやっている。台所をきれいにしてからでないと妻たるもの寝てはいけないと思って片づけている。

そういうことは後回しでもいい。僕にもできるから。

君は僕をどうやって幸せにするかをいつも考えているけれど、もっと自分の幸せを考えなければいけないね。自分を幸せにするにはどうしたらいいか考えなければいけないんだよ。

なぜなら、人は自分がハッピーでなければ他の人を幸せにできないのだから……」


一瞬どういう意味か分からなかったので、立ち止まって夫の言葉を繰り返し自分で言ってみました。こういうことをいまだかつて言われたことがなかったからです。

「人は自分が幸せでないと他の人を幸せにできない」

言われてみるとその通りです。

自分の幸せなど真剣に考えたことなどなかったのですが、それからは少しずつ考えるようになりました。

私は、歴史家とはどういう職業なのかをよく知らないで結婚したのですが、ときどきこんなふうに、夫の話を聞いていて「なるほど」と納得します。

男の子と女の子を育ててみたかったので、息子が生まれたとき、私は「これで仕事がもっとできる」と本当に思いました。これからは、仕事を中断しないですむと思ったのです。

それでも子供2人を働きながら育てるのは大変でした。

夫の協力があるとはいえ、いつも迷惑をかけっ放しだったので、あるとき、「仕事を辞めようかと考えているの」と夫に伝えました。

「僕を理由に辞める必要はない。僕は働いている妻を誇りに思っているんだ」と、同い年の夫は言いました。

「人はどんなに仕事をしたいと思っていても、いつかは働けなくなる。君は、今若いから気づかないけれど、誰でも、働きたくともいつかは働けなくなる日が来るんだよ。

だから僕を理由に仕事を辞める必要はないんだよ。

人は年を取っていき、いつかは必ず死ぬ。

誰もが50歳近くになると、自分の人生を振り返る。

そのとき君は、自分がなぜ生まれてきたのかという自問に答えを持っていなければな

らない。どんなに僕と君がベター・ハーフであっても、君は自分の人生に対して、自分で解答を見つけ出さなければいけないんだ。

だから、もし仕事を続けて、社会のために引き続き役に立ちたいのなら、僕にこれ以上迷惑をかけられないからという理由で仕事を辞める必要はないと思うよ」

そのとき、40代初めだった私は、夫が言ったことの意味がよく分からなかったのです。けれども40代後半になって、今までの人生を振り返るようになったとき、以前、夫が私に言った言葉の意味が本当に理解できたのです。

夫との考え方の違いは娘の進学のときにもありました。

娘が大学受験のとき、私は、成績がいい娘を医学部へ行かせたかったので説得しようとしました。本人はオックスフォード大学で英文学を勉強したいと言います。

私は「とんでもない。あなたの成績では英文学ではなく医学部にも入れるのよ。だからもっといいところを選ぶように」と言いました。

ところが夫は「大学は本人が勉強をしたいことを学びに行くところだから、成績がいいからといって、本人が行きたくない医学部へ行けと、親であっても押しつけてはいけないんだよ」と言ったのです。

娘の進路について担任の先生と話し合ったときにも、既に娘から私の意向を聞いていたせいか「お母さんのお気持ちは分かりますが、お母さんが大学に行って勉強するわけではありません。18歳は大人です。お嬢さんの意見をもっと尊重するように……」と、先生にくぎを刺されてしまいました。

「『好き』を仕事にすることは、人生を豊かにすること」と常日ごろ感じている私ですが、娘の進路に関しては、娘の気持ちよりも自分の考えが正しい、と思う気持ちをなかなか抑えられなかったのです。

何度かの話し合いを経て、私は18歳の娘に、

「あなたが自分で決めたことにハッピーならママはハッピーよ」

と言うことができました。

第4章

人脈と勉強のための「習得力」

これまでの「仕事のノウハウ本」にはほとんど書いていない視点から人脈作りの要諦を紹介したい。この章は、そう考えながら書き進めました。決して難しいことではないので、実践してみてください。必ず役に立ちます。そして、自分と付き合うノウハウも書きました。自分の目標を持ち、広い視野を忘れずに、人脈作りとあわせて「自分作り」に取り組んでください。

33

忙しい人に会ってもらうために

ビジネスのお客様であれ、誰であれ、どんなにいい情報や案件を持っているかを伝えるためには、まずは会って話を聞いてもらう機会を作るしかありません。これは意外と難しいのです。

アポイントはアシスタントに頼めば入れてもらえると思っている人もいますが、忙しい相手の貴重な時間を割いてもらうのは、思っているほど簡単ではありません。紹介状を使い、アポを入れて、やっと課長さんに会ってもらっても、ミーティングは長くても1時間です。しかも、秘書がメモを差し入れたら、そこでお終いです。

ちょっと緊急の用事が入りましたので……と席を外して、戻ってこないケースもあるのです。

私も同じようなことをしたことがありますから、よく分かりますが、メモは本当の場合もありますが、課長は最初の10分だけ、あとは担当者レベルで話をしますのでといった口実のときもあります。

そういう事態を避けるにはどうしたらいいのでしょうか。上司に一緒に来てもらって、ミーティングをするのは1つの選択肢です。

ハンブロス銀行の東京駐在員事務所代表をしていたとき、大手自動車会社のアポ取りが難しくて困ったことがありました。

競合他社の数を考えてみました。証券会社・銀行・保険・外資系金融機関など、ゆうに80社はありました。

全員が月に1回1時間、担当課長を訪問するとなると、課長の時間は80時間取られることになります。課長の勤務時間を1日8時間、1週間に40時間、1か月に160時間とすると、課長は勤務時間の2週間分を人と会うために使わなければなりません。

野村証券とか三井住友銀行でしたら、国内業務での毎日のお付き合いがあると思います。考えていたら眠れなくなりました。自分が大変なキャリアリスクを負っているのが分かって、不安になったのです。

クライアントに会ってもらうにはどうしたらいいのか自分なりに真剣に考えました。

既に書いたように「上司を連れていく」のは、1つの選択肢です。でもたまにしかできません。

そこで、いろいろと考えた結果、会ってもらうときに**「この人と会っていると知らない情報が入るし、面白い。時間がすぐに過ぎてしまう」という人にならなければいけないと気がつきました。**

実際、私も人と会っていて、退屈なミーティングを経験しているので、少なくとも自分はそうなってはいけないと思いました。

1時間が「あっという間に過ぎる人になる」ことは難しくありません。

メインは仕事の話をするのですが、脱線するときにわさびが聞いている、ピリッとした話ができればいいのです。

今は、インターネットで情報がたくさん手に入るので、直接会ったときに提供する情報は、オリジナリティーのある情報価値の高いものを用意するしかありません。

私は当時ロンドンへ頻繁に出張していたので、英国の新聞に出ている情報を伝えるようにしました。

また、クライアントの会社で、新しく部に異動してきた人がいるときなどに、「新人の○○に資金調達について教えてくれますか」と頼まれれば、快く引き受け、出張人材セミナーをしました。

私は頼まれたことは快く引き受けるようにしています。

34

自分のために動いてくれた人にしなければならないこと

何か頼むときだけ連絡してきて、その後全く連絡をしてこない若い人たちがよくいます。困ったことに遭遇すると再び連絡をしてくるのも、そういう人たちです。彼らは人脈作りに失敗します。

若い人と話をしていると、

「この人は肩に力が入っていて自信過剰と不安過剰の塊だな」

と感じることがあります。

ちょっと上司に褒められると「自分は同期の中で一番仕事ができる」と言い、ちょっと叱られると「自分はもうダメだ。必要とされていない。どうしよう」と落胆してしまうのです。

そういう人と話をしているとき、私は、

「まずは落ち着いて。精神状態を安定させないといい仕事ができないから」

とアドバイスし、気持ちを落ち着かせてから、人脈作りの基礎を教えます。

人に動いてもらったとき、若い人たちは2つのことをしなければなりません。
1つは、すぐ礼状を送ること。
これはたいていの人がやります。
でも、その後どうなったかについての連絡はしない人のほうが多いのです。
この2つ目、つまり
その後どうなったかの連絡は、手紙ですることを勧めます。
この2つ目を省略すると人脈作りに必ず失敗します。

人と人との関係はいつもtwo way communicationsで成り立っています。
親子でも、会社の上司と部下でも、友人関係、そして夫婦関係でも同じです。仕事の悩みを相談に行ったり、海外留学のための推薦状を書くのを承諾してもらったのなら「推薦状をもらうために連絡をする」だけではなく、
卒業するまで年に1回は、その後どうなったか、
また卒業をしたかどうか、
について、推薦者に連絡することが大切です。

簡単な手紙でよいのです。私はメールより手紙のほうがいいと思います。手紙を書くのは10分とかかりません。

大学院へ入るために推薦状を求められているから、「Aさんにお願いする」と言って連絡し、Aさんに推薦状をもらったので「目的が完結した」と思う人がいます。

あなたにとって推薦状は大学院への提出書類の1つだったかもしれませんが、Aさんは、あなたが大学院に入っている2年間、推薦状を書いた人としての責任があるのです。ですから、卒業までは1年に1回ぐらいはAさんに近況を伝える必要があります。

こういう簡単なことを省略してしまうと、次に何かを頼もうと思っても、AさんはNOと言うでしょう。

NOは人脈が1つなくなることを意味します。

最近は経費削減のため、年賀状をメールで送ってくる若い人たちが増えてきています。メールで受け取るのと、紙で受け取るのでは何か「違い」があるような気がします。

1年に1回年賀状を自筆で書くのは、時間の無駄と考える人もいるかもしれませんが、私は大事なことだと思っています。ネット社会化が進んでも「年賀状を1枚1枚書くのを省略してはいけない」と思っています。

連絡をしないのは若い人とは限りません。成功している人の話をしているときに、「でもね。K氏は実は6年前まではすごく困っていて、私は彼のためにこれとこれをやって助けてあげたんだよ」などと自慢する人がいます。私はこういう人は苦手です。なぜなら、自分が納得して、手伝ってあげたなら、人前でそんなことは言わなくてもいいのにと思うからです。

でも、こういう話が出てくるということは、K氏が、成功してから、お世話になった人に報告や連絡をしていないからだと思います。

連絡のための時間は探せば見つかるのですから、省略したり、忘れたりしてはいけません。

35

勉強会というネットワーク

仕事上の付き合いだけではなく、自分から友達の輪を探していくことは大事です。セミナーに参加したり、女性の集まりに参加費を払って出席してネットワークを広げることと。それは決してお金の無駄にならず、あなたの交友関係を広げます。

若い女性たちに推薦できる会議の1つに、佐々木かをりさんが主催するイーウーマンの国際女性ビジネス会議があります。

こういう会議に出て、知らない人と名刺交換したり、日本で活躍しているキャリア・ウーマンの話を聞くことは女性にとって人脈作りに役立ちます。

男性は30代ぐらいから「勉強会」を作り、ネットワークを広げていくのがビジネス社会の伝統です。金融機関の人たちは、以前は財務省の人をゲストに選び、官民交流の勉強会をやったりしていましたが、度重なる霞が関バッシングの結果、その数も減ってきています。

私は友人と一緒に勉強会を1つ10年ほど前に立ち上げました。30代の独身女性があまりにも増えていっているので、独身男性が多い役所の友人と相談して、女性5人、男性5人、計10人で勉強会を始めたのです。

もちろん、独身参加者にもう1つの目的は話しませんでした。でも、結婚したカップルが1組生まれました。

2009年に入ってからも、異業種交流会といった雰囲気の勉強会を1つ立ち上げました。というのも、キャリア・ウーマンを目指している女性が多いにもかかわらず、役員になる女性がまだまだ少ない。だからもっともっと増えてもらいたいと思ったからです。

大手企業の社長や役所のトップの方にゲストで来てもらっていますが、ゲストは女性だけの勉強会に参加するのは初めてなので、とても好評です。定期的に集まって日本の問題点などをみんなで話し合ったりしていくと、ネットワークは自然にできていくと思うのです。

36

自分の悩みをなぜ社内の人に言ってはいけないのか

自分のキャリアの悩みは、しがらみのない別の会社の友人に聞いてもらうほうがいい。

英国で仕事をしていたとき、同僚とは仲よく仕事をして、何度も飲みに行ったりしていましたが、1つだけ、誰もが暗黙のうちに決して話題にしないテーマがありました。

それは、〝キャリアの悩み〟です。

英国では、どんなに親しくなっても、同僚にキャリアの悩みは話しません。

日本の企業は崩れてきたとはいえ、いまだに終身雇用制度がある程度維持されているためか、社内の人と飲みに行ったときに、自分の仕事上の悩みを話すことが多いようです。

私はどんなに親しくなっても、信頼関係をたとえ構築したとしても、社内の人にキャリアの悩みは相談しないほうがいいと思っています。

キリスト教信者が多い欧州では、悩み事を抱えたり、何かに失敗をして家族にも言えずに困っているとき、救いを求めて教会へ行って、告白ボックスの中にいる牧師さんに悩みを話します。告白ボックスでは自分の顔を見せないで、失敗や悩み事を牧師さんに相談して、アドバイスを受けることができます。神に許してもらうこともできます。

私が英国で語学学校に通っていたとき、ルームメートのマリアは週に1回は教会に行き自分の悩みを牧師さんに話して、アドバイスをもらっていました。

日本ではこういうことはあまり一般的ではありません。

私たちは悩みがあると、親や友人に相談したりします。

しかし、親の世代は「1つの会社に就職したら添い遂げること」を正しい生き方としてきているので、子供が仕事を辞めたくなったときの気持ちを理解するのは難しいのです。

社内メンター制度を否定するわけではありませんが、例えば社内の人に介護の悩みを話して、その話を秘密にしてもらいたいと思っても、たまたま仕事でミスをしたときなどに、「A子さんは介護のことで頭がいっぱいなので、仕事に集中できないのよ」など知らないうちに人から言われてしまうこともあるからです。

会社にはゴシップが大好きな人たちが多いだけでなく、中には裏切る人もいることも知っておいたほうがよいでしょう。

同じ部署にいた2人のうち、1人だけが昇進すると、同僚だった人との関係が気まずくなることもよくあります。

例えば課長に昇進した女性に対して「素晴らしい」と思う反面、「先を越されてしまった」とか「どうしてA子なの。なぜ私でないの」という嫉妬心を持つ同僚もいるのです。

同僚だった人が部下になった場合、新課長は、自分の悩みを同僚には話さないほうが賢明です。人によっては「私は偉くなったけど、前と同じよ。全然飾らないのが私のよさ」といった具合に、わざと「気さくさ、飾らなさ」をアピールしようとする人がいますが、逆効果です。

解決策としては、**会社の外で自分より10歳ぐらい年上の人脈を持っておくこと。そういう人たちにとっては、あなたの悩みは「通ってきた道」なので、話を聞いてアドバイスを与える余裕があります。**

そればかりか、しがらみのない関係なので「社内の他の人に言われるリスク」もなく、本音で話ができます。

あるとき、課長になった友達から電話をもらいました。

「精神的につらいので私の話を聞いてほしい」と言われ、すぐに時間をさき、コーチングをしました。コーチングとは、その人のキャリアの悩みを聞いて、アドバイスをすることです。


英国では、社員が新しく課長に登用されて、予算と部下を初めて持ったときには、外部のコーチングスタッフがつきます。新課長になったほとんどの人たちが管理者としての悩みを抱えると会社が考えているからです。

コーチが月に1回、課長と1対1のミーティングを1時間ほど行い、これを繰り返して、6か月ぐらいかけて一人前の課長に育てていきます。外の専門家を使う理由は、新課長が社内の人に悩みをストレートに言えない事情を会社が理解しているからです。こういう予算は、不況だからと削減されたりはしないのです。

37

勉強は一生続く、そのために

日本では勉強の目的は一流大学に入るためです。その目的を達成するために高校生たちは一生懸命勉強をします。だから、大学に入ると「もうこれからは勉強しなくていい」と遊び始めるのです。

私たちが若かったころ、18歳でその人の一生は決まっていたと言ってもいいくらいです。

大手銀行では、「入行後に何をやってきたかではなく『東大卒』をミーティング中に言うことで自分は偉いと分からせる管理職」もいました。

「40歳になっても東大を卒業した以外にAさんは自慢することがないようだ」と皮肉られる人もいました。

不況になり、日本パッシングが起こって、このままでは日本という船は沈んでいきます。

生き残りのための新ルールは「勉強は一生続くもの」です。

その勉強とは自分の生活を豊かにする勉強です。

つまり、稼ぎながら仕事を覚えていくのです。


英国は人口が日本の約半分で、GDP（国内総生産）は日本より低い。

しかし、2007年度の国民1人当たりのGDPは4万6000ドルで、日本の3万4000ドルより35％高く、日本の労働生産性（2007年）は先進7か国で最下位。OECD30か国内20位（英国10位）です。

日英の、この違いの原因の1つは、英国では老若男女、勉強は一生続くものと分かっているからだと思います。国民は「働かざる者、食うべからず」の考えを持っているから、必死で勉強します。女性もほとんど仕事をしているので、競争は日本の2倍です。

オックスフォードやケンブリッジ大学の学生の50％は女性です。


英語には勉強という単語が2つあります。

学生時代の勉強は「study」ですが、実社会に入りお金をもらいながら勉強する場合は「work」を使います。

日本も若いときから「勉強は一生続くもの」というルールを教えられると、もっとホワイトカラーの生産性が高くなるのは間違いありません。

会社に入ってからの勉強とは、どのようなことをいうのでしょうか。

学校時代の勉強は「新しいことを覚えていく」勉強でした。

社会人になってからの勉強とは、総論的に言うなら「知らないことを減らしていく」勉強です。そのために、毎日仕事を通して勉強を続けていくことが大事です。

知らないことを減らしていく勉強は、会社で仕事をしている限り定年退職まで続きます。部長でも役員でも知らないことはあります。役員になっても勉強することがあるのです。

知らないことを勉強していくときに、忘れてはならないことが1つあります。

新しいことを覚えていくだけでなく企業を取りまく環境変化を意識して「毎日改善」を試みることです。改善は明日実施するという態度ではなく、今日から実施していかなければならないのです。

私が仕事をしていた英国は、ダーウィンが生まれた国です。だから誰でも『種の起源』の著書であるダーウィンが残した言葉

「最も強いものが生き残るのではなく、最も頭のいい者が生き残るのではない。変化に対して最も早く適応したものが生き残る」

という人類のサバイバルのルールを知っています。

38

毎日の努力が10年後に結果を出す

日本の経営者は、昔から「短期決戦」が好きです。

しかし、仕事には時間をかけなければ育たないこともあるのです。

英国はウイスキーの生産地ですので、長く時間をかけないとおいしいウイスキーが作れないことを知っています。おいしいウイスキー作りには、時には30年以上かかります。ワインの産地フランスも同じです。高級ワイン作りには時間がかかることをフランス人はよく知っています。

フランス人と仕事をしているときでした。

同僚は「世界には値段は2種類しかない。水の値段かワインの値段」と言い出したのです。そして「君の部下はキャリアでワインを目指すのか、それとも水なのか」と聞いてきました。

水は世界中どこへ行っても値段はほとんど変わりません。しかし、ワインは高いものもあれば安いものもあります。そして長く長く寝かせたワインは高級ワインとして最高級の値段が出ます。

同僚は、私のアシスタントが、いつも給料が変わらない秘書的な仕事で一生行くつもりなのか、それともキャリア・ステップ・アップを真剣に考えているのかを質問したのです。

一人前になるためには、どんな仕事でも時間がかかります。

映画監督になるには20年以上時間がかかるのが普通です。例外的に20代で有名になる人もいますが、ほとんどの監督は40歳前後になってから独り立ちします。

新卒で弟子入りし、道具の持ち運びを数年して、そこから少しずつ仕事を教えてもらい、助監督になって監督の仕事を助けながらキャリアを積んでいきます。

プロになるための「近道」は、あまりないのです。

会社員であろうと、大学の教員であろうと、仕事のプロになるには10年ぐらいは最低かかります。そして、コツコツ型の人のほうが大成していきます。

毎日の努力の1日1日には、進歩や違いが見えなくとも、10年という大きなスパンで見ると、大きな成長につながっていることが誰の目にも分かったりするのです。こういう過程を経ながら、みんな本物のプロになっていくのです。

39

英語をマスターする

若いうちに、1つでもいいので、苦手なことを克服しておくと、自然に自信がついてきます。

私の苦手は英語でした。

嫌いな英語を話せるようになって、自信がついたのです。

英語を話せなかったら、私の人生は全く別のものになっていたと思いますし、今のキャリアはなかったでしょう。

学生時代、英語が嫌いだったので、成績はあまりよくありませんでした。しかし、「これだけ世の中が国際化してくると、英語を話せるようにならなければいけない」と思い、「英語を流暢《りゅうちょう》に話せるようになる」という目標を立てました。

英国へ渡って英語学校へ通ったら話せるようになると思っていました。

留学する前に、『3か月で英語がペラペラになる本』を買って読んでいたので、本当に3か月で英語がペラペラになれると信じていました。

ところが、残念なことに、3か月耳をダンボにしても英語は全然聞き取れるようにならなかったのです。

話すほうも「正しく話さなければいけない」という日本人的なこだわりが邪魔をして、なかなか話ができませんでした。

留学してすぐに3か月が経ってしまい、英語は少しも上達しないので、頭が本当に悪いのではないかと悩みました。

バスに乗って車掌さんに行き先を言っても、分かってもらえず、英語を話さなくても乗れる地下鉄で、目的地へ行ったりもしました。誇張ではなく、私は1年間英国で勉強していても、先生の言っていることが理解できなかったのです。

何年か経って英語ができるようになり、私なりにその理由を分析してみて、原因が分かりました。

① **いくら日本で10年間以上勉強してきたとはいえ、そもそも英語は3か月ではペラペラにはならない。**英語を話せない人が書いた英会話の本を信じてはいけない。アル

ファベットを使わない韓国人や日本人などの場合、英語を本当にマスターするには2年はかかる。

②**英国に住んだからといって、英語がペラペラに話せるようになるわけではない。**駐在員の奥様たちの中には英国に3年住んでいても全然話せない人たちもいる。最後は自分で話そうとしないと、たとえ英国に住んでいても英語を話せるようにはならない。

③**思い立った今日から少しずつ英国人を相手に話をして慣れていかないと、英語は上達しない。**1日聞き役でいても話せるようにはならないし、母国語でない人たちと英語を話していても上手にはならない。英国人を練習相手と思って、まず間違っていても、話し続けないと6か月経っても英語は話せない。

いくらお金をかけても、最後は自分が口をあけて英語を話さないと上手にならないことが分かりました。外国語をマスターするには、自分の性格も変えなければいけないと実感しました。

古い友人の息子さんが英国の地方の語学学校で4年間英語を勉強しているので彼の英

語をチェックしてほしいと頼まれたことがあります。

英国人の友人に頼んで、チェックしてもらうことにしました。

彼は親に毎月20万円も仕送りしてもらって何不自由なく英国で勉強をしていたのですが、「英国で今まで何を勉強してきたのかを英語で説明してください」という友人の質問が分からなかっただけでなく、英語で答えることもできませんでした。ほとんど英語を話せなかったのです。

親が聞いたらびっくりするだろうと思い、4年もいて話せない理由を聞いてみると「英語学校に通っている日本人と毎日話をしていたのが原因です」と本人が言いました。

英語を勉強するために英国に来る若者は増えていますが、私の友人の息子さんのように、毎日日本人と遊び、話せないで日本へ帰る子供たちも意外と多いのです。

留学生ではなく遊学生になってしまうと、いくら英国や米国に住んでいても、英語を話せるようにはなりません。

40

発信力で国際貢献を

将来どういう方面へ進むべきか分からない若い人たちに、私はこう勧めたい。世界に向けての日本のイメージアップを目的とする活動をしてみるのも面白いよ、と。諸外国に比べ、日本の政府・企業は正直すぎると思います。

地球温暖化問題が注目を浴びる中、CO_2排出量が多いといわれている鉄・電力・自動車などの会社はイメージアップに躍起です。

欧州の電力会社のホームページ（HP）のトップは、環境にやさしい企業であることを象徴するために、風力発電の写真を載せている企業が多いのです。

２００９年12月にCOP15（国連機構変動枠組み第15回締約国会議）を開催することで注目を浴びているデンマークは、環境にやさしい国と言われています。

CO_2排出量が多い石炭火力発電への依存度の国別資料（IEA、２００６年度）によると、中国80％、インド68％、デンマーク54％、米国50％、ドイツ47％、韓国38％、英国34％、日本27％、フランス５％と、日本は低いことが分かりました。デンマークの石炭火力依存度は日本の2倍です。そこで、デンマーク最大の電力会社A社のHPを見ました。A社は、電力の国内マーケット・シェアを50%持ち、HPのトップには風力発電の写真を背景に、世界最大の風力発電所を8月にオープンしたという情報が掲載されています。

クリックを続けても、なかなか石炭火力についての情報は出てきません。風力発電が全体の発電のどれぐらいあるのかと見ていくと風力と水力合わせて13%、石炭火力による発電は70%を占めることが分かりました。HPのトップイメージとは、全く違う状況なのです。エコロジー先進国というイメージを打ち出しているデンマークの国民1人当たりの石炭への依存度は、中国と同程度であると指摘する英国のジャーナリストもいるのです。

日本の電力会社のHPはどうかというと、日本最大手のHPは隅田川、晴海、渋谷駅などの夜景（電気を使っている）写真が出てきます。他の電力会社のHPのトップは「地域の皆さまとともにすすめる活動……」といった情報になっています。

日本の電力会社も石炭火力発電所を持っています。そのCO_2排出量を削減する技術は世界的に優れていて、この日本の熱効率を高める技術を米国・中国・インドなどの石炭火

力発電所が導入すると、CO_2排出量が3分の1減り、日本が1年間に排出するCO_2量が削減できるのです。残念なことにこういう情報は、日本国民も知らなければ、世界的にも知られていないのです。

世界に自慢できる技術があることを、日本が自ら発信して、国際貢献にもっと役立ててもいいと思います。

こうした技術は、日本が発信しない限り、世界に知られることはありません。こういうことを若い人たちが勉強して、発信力をつけ、国際的に環境面で貢献できることをアピールする活動にもっともっとかかわっていってもいいのではないでしょうか。

41

人生は変えることができる

人生は変えられる。そのことを私は英国のタクシーの運転手さんから学びました。

ロンドンのタクシー運転手はとても人懐っこく、乗客にいつも話しかけてきます。

久しぶりにロンドンの金融街シティーでミーティングがあったので、タクシーに乗って向かいました。

運転手さんは

「私の一人娘もシティーで仕事をしているんだよ。娘は投資顧問会社でファンドマネジャーをしている。僕は娘をすごく誇りに思っているんだ」

と、私に話をし始めました。

「私はね、30歳で結婚をして、娘がその2年後に生まれたんだけど、そのとき、この子には自分とは違う生き方をしてもらいたいと思ったんだ。

幸い娘は小学校の成績もよく、私も妻も娘を寄宿舎制の私立学校に行かせたいと考えた。そのほうが娘のチャンスは広がるからね。

でも私はタクシー運転手なので、娘を私立の学校へ入れるためには、何かをあきらめなければならなかった。

当時私は賃貸のアパートに住んでいて、妻と一緒に家を買おうと計画していた。

でも、娘をいい学校へ入れるのはお金がかかります。だから、家を買うのをあきらめて、娘を私立中学へ入れるか、家を買って娘を公立中学に入れるかのどちらかを選ばなければならなかった。

僕の収入は多くないので、家も買い、娘も私立学校へ入れるという選択肢は初めからなかったんだよ。

私も妻も娘には大学に行ってもらいたかったし、タクシー運転手とは違う職業に就いてもらいたいと思ったんだ。

私の人生は変えられないけれど、娘に立派な教育を与えることで彼女の人生は変えられる。妻はマイホームを欲しがっていたので、彼女と何回も話し合い、最終的には、一生賃貸でいいと決心して、マイホームを買う分のお金を娘の教育のために使ったんだ。

寄宿舎制の中学へ入れ、私たちはアパート住まいを続けた。娘は初めのうちはお金持ちの子供たちとの生活についていけず、ずいぶん苦労したようだが、私たちの応援もあって、きれいな英語も話すようになり、マナーも上品になった。一生懸命勉強をしたので、大学はロンドン大学の経済部へ入り、シティーでの仕事を見つけたんだ。

私と妻は本当に喜んだよ。

10年間授業料を払い続けていくのは大変だったけれど、娘は私たちが望んだようにいい銀行へ就職し、今は私が逆立ちしてもできなかった仕事場で働いている。給料も私の何倍ももらっているんだ」。運転手さんは話し続けました。

「苦労したかいがあったと本当に思っているよ。娘は週末私たちの所へ戻ってきて、シティーの友達の話をするし、『お父さん、お母さん、すごく苦労をかけてきたけど、今度は私がお返しをする番なの』と言って、私たちのために夕ご飯を作ってくれたり、たまに高級レストランに連れていって御馳走してくれたりするんだよ。

今年の父の日には素敵なネクタイもプレゼントしてくれた。

娘のおかげで私たちは今まで、タクシーのお客さんとしてしか接したことのない人たちの生活も身近になってきたんだ。

英国では、車の運転手と後ろの席に座る人は同じ教育はいらないと言われている。だけど、うちの娘は私たちが与えた教育のおかげで、後ろの席に座る人たちの仲間入りをしたんだ。

私たちはまだ賃貸のアパート暮らしだけど、私も妻もすごくハッピーだ。

私は変わることができなかったけれど、教育に投資したおかげで娘の生活が変わり、その結果、私も変わったんだよ。

時間はかかったし、お金もかかったけれど、人は変われると本当に思っている。

そして、娘にはとても感謝している」

と、シティーに着くまで運転手さんは私に娘さんの話をしてくれたのです。

一代では変われないことでも、二代あれば人は変われる、娘は私の夢を実現してくれた、人は必ず変われるのだ、という話を聞いて、私は感激しました。

親の子供を思う気持ちは、英国も日本も同じなのです。

第5章

人生の扉を開く「めげない力」

「自分作り」の続きを詳しく書きました。大事なのは、めげたり、へこたれたりしないこと。ビジネスでも私生活でも失敗や挫折はつきものです。嫌なことがあるし、嫌な人もいて、傷つき、悩み、壁にぶつかる。それが人生です。でも、立ち上がり、前を向いて進んでください。時代は変わり、社会も人々の価値観も変わるのです。めげずに進んでいけば、人間は強くなり、応援団もきっと現れるでしょう。

42

時代が変わると、スキルも変わる

時代を先取りして仕事をしていくことは大事です。しかし、どんなに先取りしたことであっても20年経つと、新しいことが古くなります。例えば、私の場合、キャリア形成に役立った大学院時代の恩師のアドバイスは、十数年後に時代環境に合わなくなり、私は苦労しました。

ビジネス・スクールへ入った80年代の初め、日本女性の典型的な働き方は「新卒で就職し2〜3年働き25歳前後で結婚退職をして主婦になる」でした。英国は女性首相サッチャーの時代で、働く女性の数は日本より多かったのですが、上場企業での女性役員はほとんどいませんでした。

当時の私の夢は、投資銀行で働くことでした。夢と現実の距離を縮めるため、そして大嫌いな英語をマスターするために、私は英国の大学院（ＭＢＡコース）へ留学しました。しかし、卒業の年である2年生になっても「何をどうしたら自分の夢を実現できるのか」が全く分かりませんでした。

毎日自分なりに必死に考えるのですが、いいアイディアは浮かんできません。このとき初めて「自分が取ったリスクの大きさ」を知り、私は緊張の毎日を送ることになりました。ストレスで髪の毛が随分抜けたのもこのころでした。

ビジネス・スクールにはキャリア相談窓口がありました。私は「このまま毎日自分1人で悩んでいても堂々巡り。あまり思い詰めてしまうと卒業試験まで落ちてしまうかもしれない」と不安になり、思い切って相談窓口へ行きました。

話を聞いてくれた先生はアドバイスを2つくれました。

1　企業へ就職する際は「コストセンター（人事や総務部）」ではなく「プロフィットセンター（営業部、会社へ利益を持ってくる部署）」を選ぶこと。

理由　外資系金融機関に入りたいといっても、私は欧米人でもなければ男性でもない。女性の場合「実績」が数字で見えたほうがいい。投資銀行本部のバンカーは国籍・性別に関係なく成績を上げたものは評価され生き残れる。一方、コストセンターでいくら実績を上げても、不況になり企業が人件費削減を実施し始めると、女性は男性よりも先に首を切られやすい。

2　「タイプライター」を覚えないこと。面接で聞かれたら「タイプはできない」とはっきり言うこと。

理由　日本人女性であるため、タイプができると言うと銀行ではアシスタント以上の仕事が永遠に来なくなる。「タイプができない」と言うことで、私にはタイプ以外の仕事が与えられるし、アシスタントを使う立場の仕事が与えられる。その結果、MBAで教わったことをより活用できる。

目から鱗でした。組織のルールをほとんど知らなかった私には**組織のルールをよく分かっている専門家からの貴重な助言**でした。私はタイプを覚えることをやめました。

先生のアドバイスを取り入れたキャリア戦略は、キャリア女性が少なかった80年代当時は実に有効でした。「タイプができない」「MBAを取っている」と言い続けることで、私にはアシスタント以上の仕事が来るようになり、バンカーとして部下を使える身にもなりました（今は笑えますが、ある金融機関の面接に行ったとき、面接者に「女性社員は肩から上はいらない。ファイリングとかタイプをするとかの仕事がほとんどなので……」とハッキリ言われたこともあります）。

それから15年、IT時代が到来し、企業のルールも変わりました。企業経営者はIT

によるペーパーレス社会の実現を目指し、私の勤務している銀行もトップ・マネジメント以外は社員・管理職にかかわらず、全員ワープロをマスターしなければいけなくなったのです。秘書業務は廃止され、秘書の数は大幅に減らされました。秘書失業時代の到来です。

当時のクライアントだったN社の部長さんは「『社員・管理職にかかわらず5年後にPC（パソコン）が使えないと首にする』という社内通達が送られてきたのでPCを使えない部長さんたちは必死で勉強している。弊社はIT開発の会社であるから当然」と言ったのです。「時代が変わり、今後は『タイプはできません』とは言えない」と悟り、その日を境に私は頭を切り替え、ワープロを覚え始めました。

「今まではタイプができなかったことで、キャリアのチャンスが舞い降りてきていましたが、今後はできないことが命取りになるかもしれない」と思ったからです。

環境の変化で、仕事のルールが変わることは、10年といった長い年月で振り返ってみると、よくあることに気がつきます。仕事をし続けていくためには、環境変化に生き残れるスキルを身につけていかなければなりません。

43

若いときは自信がなくていい

若いときは、自分に自信がないことを隠そうとします。でも、隠す必要などないのです。なぜなら若いときには、誰もが自信がないのですから。**「自分に自信がない」ことを認められる人は、認められない人より実は強く、めげない人です。**

若い人たちにとって「自信がないこと」を認めるのは、かっこう悪いことだし、恥ずかしいことです。

自分はこうであるべきだという「べき論」に振り回されてしまう人たちもいます。だから、心にも思っていないことを「自分をかっこうよく見せるために」言ったりします。

新卒でやりたいことが見つからないとき、「自分はやりたいことが分からない」とそのまま認めていい。それは「頭が悪い」ことでもなければ、「決められない人」を意味しているわけでもありません。

40歳になってもやりたいことが分からない人もいるのですから、20代で分からないこ

とは、隠す必要はないのです。やりたいことが分からない自分を「ダメ人間」と責める必要もないのです。

A君は自分をダメ人間と思っています。「仕事を辞めたい気持ちと、続けるべきだという気持ちが半々で、毎日どうしたらいいか分からず……自分を優柔不断だと思う」と言っていましたが、初めて仕事をし出し、大学時代とは違って、毎朝9時までに会社へ行って、夜7時ぐらいまで仕事をするのは、実はきついことなのです。

こういう環境の変化に自分を合わせるのに3年くらいかかる人もいます。また、人によっては、靴を8時間履き続けて生活するのがつらく、会社で毎日靴を脱いだり履いたりしている人もいます。同じ椅子に長く座っていることができない若い人たちもいます。でも、最初はできなくとも、みんな慣れてくるのです。

環境変化に慣れないと感じたら、同じ大学の1年先輩とか、高校の同級生と話をしてみればいいのです。同じ世代と話をすれば、「自分だけではない」ことに気がつき、ほっとできるはずです。ほっとする場所が若いときには特に大事です。

自分に自信が持てず、迷っているときは、気分転換も大事です。例えば、ペットを飼うこと。何かに愛情を注ぎ、自分なしでは食事ができない動物の世話をすることで、人は優しくなります。自分には「慰めてくれる人が必要」であることもおのずと分かってきます。素直になれたとき、あなたは自分が以前より内面的に強くなったことに気がつくでしょう。

44

もっと肩から力を抜いてもいいのです

若かったころ、朝から晩まで仕事をしていました。会社にとって自分はなくてはならない人間だと思い、毎日夜遅くまで仕事をしていました。友人たちと飲みに行ったときも、遅くなると「明日朝早いのでこの辺で帰ります」と言って帰りました。男性の先輩たちに「君たちはそこまでは期待されていないんだから、もっとリラックスしたほうがいいよ。30分早く会社に行っても行かなくても会社側から見たら違いはないし」と言われても、「なんとまあ失礼なことを言う人たちなのだろう」と憤慨してました。

英系金融機関で仕事をしていたときに、役所に勤めている先輩から電話をもらい、「君は仕事のしすぎだから、気分転換をするように…。来週金曜日に、歌手の○○が品川プリンスのバーで歌うので来ないか」と誘われました。あまり知られていない歌手でしたが、AさんとBさんが応援していたので、何人かで行くことになりました。当日は花束を持って聴きに行きました。

夜の10時ぐらいになったときに、「明日の朝早いので帰ります。お誘いどうもありがとうございました」と言って帰ろうとすると、Bさんに「藤原君、もっと肩から力を抜いて仕事をしないとそのうち病気になってしまうよ。男女にかかわらずもっと余裕のある仕事の仕方をしていかないとバテてしまうよ。仕事は長期戦だからね。もっと自然体で仕事をするように」と、言われてしまいました。

〝肩から力を抜け〟とか〝仕事は長期戦〟と言われたことがなかったので、私は一瞬立ち止まってしまいました。

言われてみればその通りだったからです。

しかし、朝早く会社に行かなければ仕事を終えられない状況だったので帰りました。

今思っても恐ろしくなるぐらい、毎日夜遅くまで仕事をしていました。

若くて体力に自信があるのをいいことに毎晩遅くまで仕事をしていると、結婚がますます遠のいてしまうと不安になることもありました。

45

少しでもいいと思ったら、まず動いてみる

若いときは、エネルギーと行動力があります。少しでもいいと思ったら、まず動いてみることです。自分で決めて動き出せば、たとえ、壁にぶち当たっても人のせいにはしないし、自分で克服しようとして「うまくいく道」を探すものです。

雑誌に〝投資の仕方〟について連載を続けていたとき、読者から

「投資をしてみたいのですがどう始めたらいいのか分からないので教えてください」

という相談を受けました。

「投資をやってみたい気持ちがあるのでしたら、まず最寄りの証券会社に行って口座を開いてください。そして、少しの金額でいいので自分のお金を使って株とか投資信託に投資してください。投資は儲かるときもありますが、損をするときもあるので、投資をする前に『20％元本が減ったら売る』といった損切り目標を作ってください」

とアドバイスしました。

「何かをしたい」という気持ちがあるのなら、他の人に迷惑をかけない限り、まず動い

てみることが大事なのです。

もちろん下準備も大切です。投資の場合、何も知らずに動くと騙されたりします。でも、お金を増やしたいという目的がはっきりしていると、人は間違わないようにするためによく勉強をします。また、自分のお金を使う場合、損をしたくないという強い気持ちが働き、真剣になります。昨日まで新聞の経済欄や会社欄や為替などについてあまり目を通さなかった人でも、真面目に新聞を読んだりするのです。今までは必要でなかった情報も「投資をしたい」との目的をかなえるためには必要になってくるからです。

動いてみるということは、「意思決定をする」ことです。

自分でしたいことをしてみることで自己発見もできます。それまでは人に厳しく自分に優しかった人も、動くことで人間が少し謙虚になります。

英国で仕事をしてきて、東京に転勤して感じたことの1つは、リスクを取って行動しない人たちが、リスクを取って行動している人をとやかく批判をしすぎることです。何度も「あなたはリスクを取っていないのだから、そんなに批判的にならなくともいいんじゃないの」と言いたくなることがありました。

オバマ大統領は「黒人は大統領になれない」という前例にチャレンジし、米国をよくするために大統領選に立候補して戦いました。そのオバマの、勝つチャンスがほとんどないチャレンジを米国民は熱狂的に応援し、彼は勝ちました。

勝つかどうか分からなくて立候補したのです。そして勝つことが実現するように行動をしたのです。

日本も変わってきています。国民も２００９年8月の選挙で「一票の重みが政治を変える」ことを実体験を通して学びました。いいと思ったら自ら動くことが政権交代を可能にすることが分かったのです。

若いときは先が見えない不安があるでしょう。でも、自分でやってみたいという気持ちがあったらまずやってみることを勧めます。それによって、困難に出合ったとしても、逃げないで立ち向かえば、思っているより楽に解決策を見つけられたりします。

投資に関して一言つけ加えるなら、銀行預金は安全ですが、10%のインフレになったら、お金の価値は10%減ります。何もしないことは安全でもなく、何もしないリスクを取っていることになるのです。

46

人生には「回り道」などない

若いときのチャレンジは、親が反対しているからといって、あきらめる必要はないのです。ゆくゆくは自分の人生に責任を持って生きていかなければいけなくなるのですから……。

官僚として本省で局長になり、退官後は特殊法人の理事になったAさんのキャリア・パスは順調でした。頭が切れるのに偉ぶらないAさんは部下からも尊敬されていました。私は長らく特殊法人の海外資金調達のアドバイザーの仕事をしていたので、財務省や特殊法人の財務部の人たちとは10年以上の付き合いがあり、Aさんともたまにお食事をご一緒したりしていました。

エリートとして生きてきたAさんはプライベートも順調だったのですが、当時は1つ悩みがありました。高校3年生である末息子が「大学へ行きたくない。寿司職人になりたいので料理学校へ行きたい」と言い出したからです。

東大を優秀な成績で卒業し、官僚になったAさんには息子がなぜ寿司職人になりたいのか理解できませんでした。親が大学へ行くお金を出すと言っているのになぜ「高卒でいい」のかが全く分かりませんでした。

何度も「なぜ大学に行くのが重要か」を説明したそうです。

しかし、どんなに反対しても決心は固い。ほとほと困ってしまったAさんは私に「息子の生き方をどう思うか」と聞いてきたのです。**「どの職業に就きたいのかが分からない若い人たちが多くいる中で、将来どうしたいかがハッキリしているのだから、あえて反対する必要はないと思う」**と私は答えました。

次にお会いしたとき、Aさんは息子さんが料理学校へ行き始めたと言いました。

私が「好きな道を選んで息子さんは、幸せそうですか」と聞くと

「毎日元気に学校へ通って、新しい料理や包丁の使い方を習ってきているようだが、料理学校は料理の作り方だけでなく、しつけも厳しく教えているようで、礼儀正しくなったんだよ。今まで、朝起きてあいさつをすることなどなかったのに、あいさつはするし、私が帰ったときは『お帰りなさい』と言うんだ。自分で進む道を選んだから成長したと思う。たまに習ってきた料理を家で作ってくれるので女房はとっても喜んでいるよ」と

うれしそうでした。

料理学校を卒業しお寿司屋さんに就職したときも、先輩たちに厳しく鍛えられているせいか、「仕事をしてお金を得ることがどんなに大変かを学び、人間として大人になってきている」と話していました。

それから何年ぶりかでAさんにお会いしたとき、

「藤原さん、実はうちの息子、今大学2年生なんだよ」と言うので、

「えっ、どうしたんですか。大学には行かないと言って寿司職人になったのではないのですか」と聞くと
「お寿司屋さんで仕事を2年ぐらいしていたんだけど、あの世界でも、経営者が大卒の寿司職人のほうを大事にするというのを知り、寿司職人としていくら実力があっても、高卒より大卒の人が優遇される現実を目の当たりにして、大学に行ったほうがいいと確信したらしいのです。

ある日『お父さんお話があります』と言うので、何の話かと聞いてみると、『お父さんが以前言っていたように、大学へ行ったほうがいいと思い直しました。今の仕事を辞めて、受験勉強を1年するので大学へ入ったら授業料を払ってもらえますか』と聞くの

で、『君が大学で勉強したいというのならサポートしてあげるよ』と言うと、頭を下げて『よろしくお願い致します』と言ったんだよ。その後、1年間予備校へ行き、必死になって勉強して昨年大学に入ったんだ。**彼にとっては入るのに4年かかったけど、私は今の息子のほうがずっと好きだ。お寿司屋さんで仕事をして苦労したから自分の人生を真剣に考えるようになったんだ。すごくよかったと思う**」と言っていました。

22歳で大学1年生になったAさんの息子さんが回り道をしたとは思いません。

47

健全な人は会社を辞めたくなる

長く続いている勉強会で半分冗談混じりに「皆さんたちの中で、会社を一度でも辞めたいと思ったことがある人がいたら手を挙げてください」と聞いてみると、10人全員手を挙げたのでビックリしたことがあります。それ以後、何度もいろんな方たちに聞いてみました。その結果、一部上場企業の社長さんも入れて「会社を辞めたいと思ったことがある人がいかに多いか」が分かりました。特に若いときは、しょっちゅう辞めたいと思う人が普通なのだと分かりました。

それまで私は、女性だから「辞めたい」と思う人が多いのでは……と思っていたのですが、男女は関係なく、健全な人は会社を辞めたくなるものだ、と分かりました。

辞めたい自分を変だと「異常視」するのはやめましょう。

なぜ若い人たちは辞めたくなるのでしょうか。理由は大きく言って3つあると思います。

① 別の仕事をしたくなった
② もっと稼ぎのいい会社（条件のいい会社）で仕事をしたい
③ 人間関係がうまくいかない

A君は弁護士になりたかったので法学部に進んだのですが、大学時代にアルバイトに明け暮れ、司法試験に落ちたので都市銀行に就職しました。

銀行は行きたい企業の1つだったので、それなりにプライドを持って仕事をしていました。しかし、外回りの仕事はきつく、自宅に帰るのは毎日11時過ぎでした。それでも「僕は新人だから仕事を覚えるまでは仕方がない」と思いながら、仕事を続けてきました。彼にとって土曜日は、1週間分の寝不足を解消するための日で、唯一の楽しみは新宿の紀伊国屋書店で本を買うことでした。毎日夜遅く帰る仕事を2年間続け、A君は、何のために毎日こんなに夜遅くまで仕事をしているのかを考えるようになったのです。

銀行の仕事は決して嫌いではありませんでした。しかし、プライベートな時間があまりにも少なく、自分を見失っていく不安が日に日に強まりました。

A君は真剣に「人生で何を一番したいのか」を考えるようになり、ある日気がついた

のです。本当は弁護士になって、トラブルに巻き込まれた人たちを弁護してあげたいと思っていることを。

両親に相談しました。父親は「一流の銀行へ入ったのだから辞めなくてもいい。司法試験の勉強はやめなくてもできるではないか」と言いました。しかしA君は、本当にやりたいことが別にあることに気づいたので、仕事を辞めて弁護士になるために法科大学院に入ったのです。

英国のビジネス・スクールへ留学したB君は、2年間の学生生活を通じて仕事に対する考え方が大きく変わったことに気がつきました。最初は大変だったのですが、すぐに海外のエリートとも互角に競争できる自分に気がつきました。その競争は日本では体験できなかった能力のある人たちの競争で、かつ若くても「待たなくてもいい競争」でした。

いい成績で学校を卒業できるのが分かったB君は、コンサルタント会社を試しに受けてみました。するとどうでしょう。現在の日本の会社の2倍の年収でオファーが来たのです。B君は、日本の会社に戻ることに急に興味がわかなくなり、本社に戻るなり「退社したい」と伝えて転職をしました。その際、会社側に留学にかかった費用を返却するようにと言われ、全額を返して転職をしたのです。

返却金額は1000万円を超え、若いB君は預金をはたいても支払える額ではなかったので、親から借りて返したそうです。

C君は上司との人間関係がうまくいかず、辞めるよりしょうがないのだろうと決めて辞めました。

こういうふうに、3つの理由のどれかで会社を辞める人たちは今後も増えると私は思っています。

48

どんな人でも失敗する

２００９年に開かれたロンドン・スクール・オブ・エコノミックス（ＬＳＥ）の新校舎のオープニングパーティーに出席した英国の女王に、ＬＳＥで教鞭をとっている世界トップクラスの経済学者たち１人１人が紹介されているときに突然質問をしたのです。「あなたたちがいるのに、なぜ今回の金融危機を事前に察知して回避することができなかったのですか」

この質問にすぐ答えられる学者はいませんでした。居並ぶ当代一流の学者たちはびっくり仰天し、何となくバツが悪そうな表情でした。

〝市場の失敗は市場が直していく〟という理論は正しくないことが証明され、英政府はシステムリスクを回避するために大手金融機関への資本注入を実施したのです。失敗は誰にでもあります。しかし、今回の金融危機という失敗では、たとえどんなに優れた経済学者がいても役に立たないことがあることを私たちは知りました。

格付け会社も今回、大きな間違いを犯しました。アイスランドはトリプルＡ（格付けの中で最高級の格付け）でしたが、破綻してしまい、アイスランドの外国債を買った一般の個人の投資家たちは、何も悪いことをしていないのに大損をしてしまったのです。

スイス最大の銀行であるＵＢＳは積極的に資産を増やす拡大経営を長く続けてきたため、金融資産がスイスのＧＤＰの約４倍にまで積み上がり、リーマンショック後の金融不安によって、ＵＢＳはほぼ倒産し、スイス政府は公的資金を注入したのです。経営の失敗の結果、スイス政府が納税者のお金を使ってＵＢＳ再建のために動き出したわけです。

個人でも失敗はよくあることです。例えば、友人を信用してお金を貸したら返してもらえなくなったとか、ストレスが原因で暴力沙汰を起こし、将来を台無しにしてしまった人もいます。

人間誰しも一生順調であるとは限りません。人は失敗するものだということを若いときから自分に言い聞かせておいたほうがいいと思います。失敗をしてはいけないのではなく、失敗をしたときに「自分を責めすぎないこと」が大事です。

そういう場合「過ぎてしまったことは仕方がない」と自分に言い聞かせることが大事なのです。

49

何度も「これで君のキャリアは終わり」と言われた

あなたのことをよく知らない人が言う「ドキッとする言葉」には耳を貸さなくていいと思います。人は、時と場合によっては〝聞か猿〟になることも大切です。

私が「バンカーになりたい」という夢を持った若いころ、バンカーは男の仕事と思われていました。だから、若いときには数え切れないほど「君は間違っている」と言われ、その度に落ち込みました。

20年後の今、誰も「バンカーは男の仕事」とは言いません。そして誰も「バンカーになりたい女性」を「間違っている」とか「選択がおかしい」などとは言いません。女性が、男の仕事と言われていた部署に配属されるようになったからです。

当時の英国人の上司は私に言いました。「年に2回東京に出張に来ているけれど、クライアント側から女性が出てきたことがない。女性が出てこないのは、先進国では日本だけだ」と。

なぜなら、日本では、財務や経営企画部に女性を配属しないからです。女性がいてもアシスタントだったりして、クライアントミーティングには出てこないのです。

面と向かって、「これで君のキャリアも終わりだね」と何度か言われたことがあります。初めてそう言われたときは、傷つき、不安でいっぱいになりました。でも、何度目かに言われたときには**「この人は、私のような生き方を全く理解できていないのに、知ったかぶりをしてアドバイスしようとしている」**ことに気がついたのです。

だから、それからはほとんど「聞かなかったこと」にして忘れるようにしました。〝聞か猿〟になることは大事なことなのです。

80年代にシティーで仕事をしていた邦銀の部長さんに食事に呼ばれました。食事をしていたときに「君は独身?」と聞かれたので「近々結婚します」と答えたところ、「そうか、結婚したらもう一緒に仕事ができないね」と言われました。「なぜですか」と聞くと、「これで君のキャリアもお終いだね。人妻とは仕事ができないから」と言われたのです。

一瞬何を言われているのか分からず「私が人妻なら、ご結婚している○○さんは何ですか」と聞きそうになりました。

妊娠しているときも「これで君のキャリアはお終いだね」と言われたことがあります。お腹が大きい私を見て「仕事を辞めるんですか」と言うので「続けるつもりです」と言うと「君はうちの妻と同じだよ」と急に奥さんと比較され始めたのです。

「うちの妻も、子供が生まれる前は仕事を続けると言っていたんだけど、子供が生まれると子供を置いて仕事なんてできないと言い出して、結局は仕事を辞めたんだよ。女性はわが子の顔を見ると心変わりするからね。だから、君もそのうち仕事と子育てが両立できないことに気がついて辞めることになるんだよ。

今は信じないかもしれないが、子供が生まれたら私の言っていた通りと分かるようになるよ」と言われました。

私はお話を聞いていて「余計なお世話」と思いました。

「私のことをよく知らない人になぜそこまで言われなければいけないのだろう」と思ったのです。

世の中には妊娠中仕事をしている女性を嫌う人もいますし、子供がいて元気に仕事をしている女性が嫌いな男性もいます。私は子供が小さいときには、あえて子供の話をしないできました。

「これで君のキャリアはおしまい」と言った本人は軽い気持ちかもしれませんが、私は毎回「ナイフを突き刺された」ように感じました。

今はセクハラになるでしょうから、こんなことを言う男性はいないと思いますが、傷つけられることを言われても、反論をしてはいけない、忍耐強くならなければと当時は思っていました。こういう言われ方をしてきたので、私は「めげない力」を得られたのかもしれません。

50

「人と違う自分」に誇りを持つ

海外で仕事をしていると、東洋から来た自分が他の人たちと違うことによく気がつきます。「背が低い」「鼻が低い」「イタリア人などと比べて英語を流暢に話せるようになるのに時間がかかる」「いつも人目を気にしている」などなど。

背が低いのをカバーするため、男性でヒールを履いている日本人もいます。私も大学院時代は少しでも背が高く見られたいので、プラットフォーム・シューズ（厚底靴）を履いていました。お化粧はできるだけ日本人ぽく見られないように、アイシャドーを濃いめにし、マスカラをばっちりの化粧をしていた時期もあります。友人は低い鼻を高く見せるために鼻筋のところにシャドーを塗っていました。彼女の化粧は宝塚の舞台化粧のようでした。

日本の若い人たちがロンドンに語学留学に来て一番最初にすることは、美容院へ行って髪を金髪に染めることです。これは中東から来る女性も同じです。彼女たちもブロンドに染めるのです。海外で仕事をしている日本の男性には、髪を染めたり、「眉をかいて男らしい眉に見せる」ことをしている人もいます。爪の手入れを定期的にする人もいます。

外資系企業にいると、日本贔屓を装いながら、実は日本嫌いの外国人に出会います。彼らと一緒に日本人の悪口を言い「日本人であることをやめて出世しようとする」日本人もいます。こういう人たちと仕事をするようになってから、**私は「人と違う自分」に誇りを持つようになりました。**

日本は終戦後、「いいものを作ろうとする精神」が原動力となり、奇跡的な経済復興を成し遂げました。車、テレビ、カメラなど世界一の品質を誇る製品を次々に市場に送り出してきています。私自身も、よいものを作ることへのこだわり、ジャパン・スピリットを金融の世界に生かそうと心に決めて頑張ってきました。これが私の誇りです。

世界トップクラスの製品を作れる日本人の魂は、金融・財政の世界では十分に生かされていないことが残念だと思っていた私は、マネジメント・コンサルタント会社を立ち上げました。

日本のグローバル企業の収益改善を目的とする事業戦略作りのサポート、財務再構築の支援、M&Aのアドバイス、IR支援などで、外資で学んだビジネステクニックを駆使し、〝頑張ったものが報われる〟経営哲学を実践しながら会社を経営しています。

人と違う自分を誇りに思いながら、「違うこと」を自分の強みとしてグローバル企業にアドバイスをしています。日本が国際化されてから数十年経ってはいるものの、いまだに米英の企業経営と日本企業の経営の両方を理解して、アドバイスできるコンサルタントの数は多くありません。

自分自身が、日・米・英・仏で仕事をしてきたことがプラスとなって、日本企業の経営陣に直接アドバイスができるようになり、自分の強みが何かを分かってきたと思います。特に地球温暖化問題が深刻化し「CO_2本位制」に移行している現在、金融と温暖化問題の両方を専門的に語れる人材が少ないのが分かってきました。日本の将来のために貢献できると自負しています。

51

ユーモアのセンスを磨く

海外で仕事をしたりしていると、「日本男性は"Boring"でつまらない。話をして退屈する」と言う人たちが意外と多いのです。

日本でユーモアというと、しばしば〝ダジャレ〟のことですが、「うちの課長は少しでも若い子たちから受けようと思って、ダジャレを連発するのですが、課長の言うダジャレは古いからつまらない。上司であるという立場を使っての笑いの強要は問題です」という感想を抱かれてしまいます。

落ち込まないようにするにはユーモアが不可欠です。英国人は、ユーモアはその人の心のゆとりを示しているといいます。人間、心にゆとりがないときはユーモラスなことは言えないのです。

古い話ですが、レーガノミックスで有名になった80年代の米国のレーガン大統領が狙撃され、病院に搬送されたときに、医師に向かって「あなたは共和党員なんだろうね」

と尋《たず》ねるユーモアのセンスを持っていたという話は当時、マーケットではかなり話題になりました。人は崖っぷちに立っているときこそユーモアがあるかどうかを試されるのです。

日本の上司は怒ることは得意です。部下をしかるのが上司の仕事だと思っている人が多いようです。しかし、**人生を豊かにするためには「笑うこと」も非常に大事なのです。**

投資銀行にいると、市場が悪い情報（失業が過去20年で最悪の数字になった、など）に触れ、株式の価格が暴落することがあります。ファンドマネジャーたちは言葉にはできないくらいのストレスを抱え、長期化すると、がんになる人さえいます。若くしてがんにかかった同僚たちなどを見ると、ストレスががんの原因になるのではと思ったりします。医者の中には、笑う人はがんに対する免疫力が高いと言う人もいます。

英国のユーモアを１つ紹介します。

神を深く信じていた１０５歳の老人が、急に教会に行かなくなりました。

今まで１００年以上にもわたって教会へ毎週来ていた敬虔な信者が突然来なくなったので、体を壊したのかと心配し牧師は信者を自宅へ訪ねました。

信者の家へ行くと、老人は元気でした。牧師がなぜ教会に来なくなったのかと聞くと、老人は言ったのです。

「90歳になったとき、神が私を天国へ連れていってくれると期待していたんだ。でも、95歳まで生き、100歳まで生き続けて、とうとう105歳になってしまった。神様は忙しいので私のことなど忘れてしまったに違いない。今、神様に私の存在を思い出してもらいたくないね。

だから教会に行くのをやめたんだよ」

めげない人間になるためには、ユーモアが大事です。若いときから、ユーモアのセンスを磨いておくことが大事です。

ちなみに英国では「あの人はユーモアのない人だ」と言われると、それは「侮辱」になります。

52

時には「人に悪く思われてもいい」と開き直る

日本人ほど「自分がどう思われているか」を気にする国民はいないと思います。男性、女性に限らず人目が気になるので、会社の中でも「敵を作ってはいけない。人より目立ってはいけない」と自分を抑えます。

みんなに嫌われないようにと思うから、新しいことを誰もやろうとはしません。新しいことには反対する人たちが必ずいるからです。

自民党の幹部A氏の勉強会に参加していたとき、2割の反対があると改革はできないとA氏は言いました。政治家とは、日本をよくすることが仕事であり、改革をするために政治家をしているのだと私は思っていたので、その言葉にびっくりしました。「この人は改革をしたことが今までになかったに違いない」と思いました。

改革について語っているだけで、本当に実施をしたことがない人だと気がついたのです。

企業が改革をするとき、また政治家が改革をするときは、例え5割の人間に反対されても、目的をはっきりさせ、実行プランを説明して実施しなければいけないときがあります。雇用を守るため、再び黒字の会社へと再生するために、リーダーは動かなければいけないときがあるのです。

米系の銀行で仕事をしていたときに「日本人は、人からよく見られたいと常に思っているので、思い切った改革ができないし、前例のないことをやろうとしない。このメンタリティーを変えるにはどうしたらいいのか」と、東京の日本人スタッフについて話題になったことがあります。

私は「米国の企業では出世する人には必ず敵がいる。リーダーになる人が全員に好かれることはあり得ない」と上司が言っていたことを思い出し、「以前私に言っていたことをそのまま東京の日本人スタッフに話をしてみたらどうですか」と提案しました。

米国の企業で出世していくときには「敵がいない」ということは基準になりません。会社に利益をもたらしたか、戦略を立てられるか、顧客を持っているか、部下を指導できているか、チームワークの人間か、などが基準になります。

オーナー企業の経営者と話をしていると「人に嫌われてもいい。多少の恥をかいてもいい。人に迷惑をかけないのなら…。これが私の信念だから、自分の会社のために今これを実行する」と言って海外進出を決めた人もいます。

人生では、ここが勝負という場面で思いきって行動しなければいけないときがあります。動かない限り、結果は生まれないのです。

「人に悪く思われてもいい。これが私の夢だし目的でもあるから」という開き直りの精神を持つことは大事です。

めげない力はそういう志を持つことから生まれてくると思います。

いつもそう思う必要はないですが、何回かに1回「嫌われてもいい、悪く思われてもいい、恥をかいてもいい」と自分に言い聞かせて動くことも大事です。

前進するということはそういうことだと思います。

私が動くときに「ちょっと恥ずかしいけど…やってみようと思う」と夫に言うと、彼は「恥など全く気にしなくていい」と言います。

私に勇気をくれる言葉です。

53

不況でも転職はできる

不況になると転職は難しくなります。売り上げが低下するため、企業は経費削減を余儀なくされ、仕事が減った分、従業員数を減らすからです。

しかし、不況であっても転職は可能です。特に優秀なら、景気に関係なく、いつでも転職はできます。

不況時の転職は、好景気のときと比べて、2つの点で違いがあります。募集している会社数が少ないことと、採用されても年収が思ったほど上がらないことです。

「不況時でも転職できます」と言うと「なぜですか」と聞かれます。理由はこうです。**金融機関は採用を控えているとは言っていても、過去の経験から、不況のときに「良い人材を好景気のときより安い人件費で採用できる」ことを知っているからです。**

転職を希望している人は、人事部に履歴書を送ってチャンスを探してみてもいいと思います。

景気がよくない日本ですが、40代のキャリア女性の採用を検討している上場企業もあります。日本の大手企業はここ数年、女性の執行役員や取締役がいないことを海外の機関投資家から強く非難されてきています。こういう状況から抜け出すために、そしてCSR（企業の社会的責任）の点からも、いい会社であると言われるために、女性社員の昇進に積極的になっている企業もあります。

しかし女性管理職昇進の動きは課長職が中心です。というのも、部長以上となるとそもそも女性を幹部候補生として採用してきていないので、社内昇進として難しく、年齢的に適任者がいないのです。

個人顧客が車を購入する際、意思決定者の半分は女性であるというトヨタであってもその事情は同じです。自動車最大手のトヨタにも女性役員はいません。

企業は今、将来の女性役員候補を外部から連れてくることを考え始めています。たまに企業のトップから、部長職ができる女性を探してくれと相談を受けることがあります。40代の女性で企業リーダーになれる人がいないかと聞かれることもあります。

これまでは女性の転職は40歳までと言われていましたが、これからは50歳を超えても大丈夫です。女性が経営について学ぶ時期が到来していることを意味しています。

54

「辞め方」にはルールがある

不況でも仕事は見つかりますが、会社を辞めるにはそれなりのルールがあります。海外の大学院へ2年間留学して帰ってきたA子さんは、エネルギー会社で仕事を続けていくことを苦痛に思い始め、転職活動を開始しました。

30代半ばの人です。転職理由を聞いてみました。

「今の会社ではキャリアの将来性はほとんどないと思います。もっと私のスキルを評価してくれるところに転職したい」と言うので、仕事探しの相談にのりました。

数か月後、A子さんを採用したいという銀行が出てきたというので、また会って話を聞きました。

「今まで会社を辞めたことがないので、どういうやって辞めたらいいのか分かりません。教えてもらえますか。父は辞表を出してポロリと涙を流すようにと言うのです」

と言うので、私は「泣くのはよくない」と言って、次の5点をアドバイスしました。

転職をするとき、めげてしまう人が意外といます。初めてのことで、辞め方のルールが分からず、精神的に疲れてしまうからです。

① 辞めるときは今まで仕事をしてきた会社の悪口は絶対に言わないこと。

上司の批判もしないこと。

② 次にどこへ行くかは絶対に言わないこと。

③ 「皆さんお世話になりました。こういう結果になって申し訳ありません。今後もよろしくお願いします」と、今まで育ててくれた人たちに感謝の気持ちを伝えること。

④ 泣かないこと。

⑤ 「辞めないでくれ」と説得されても辞めること。

仕事を辞めるときは、絶対に涙を見せてはいけません。泣く理由はないからです。

また、世間は若い人たちが思っている以上に狭いので、「立つ鳥跡を濁さず」をモットーに、できるだけ静かに辞めるべきです。

上司に必死になって止められても「賽は投げられた」というスタンスで心変わりしてはいけません。一度でも辞表を出した社員は、その時点で会社の「戦力外」になります。

外資系企業では「年収を2倍にするから残ってくれ」と頼まれ、心変わりをする人もいます。でもこういう軸足の動かし方は感心しません。辞めると言ったら、辞めたほうがあなたのためになるのです。

辞めて、次の会社へ移ったら、あいさつ状を関係者に送るのを忘れないでください。また、円満に退社したという言葉も文面に入れるのを忘れないでください。

退職のルールが分かれば、あなたはめげないで新しいキャリア人生に踏み出していくことができるのです。

55

めげた私の18年目の出来事

ＣＳＦＢで仕事をしているときに最初の子供を妊娠したことは既に書きました。上司に出産の話をしたとき、３か月休暇は長すぎるので２か月にするように言われました。そして、その年のボーナスはほとんどもらえませんでした。顧客も同僚に全部取られ、正直言って私も完全にめげてしまい、そのショックもあり、娘を早産し、娘は体重が１４００ｇでインキュベーター（保育器）の中に１週間入れられて育ったのです。こういう苦い経験もあり、二度目の妊娠のときは、出産休暇を取らずに産みました。

未熟児で生まれた娘のアリカが高校3年生になったとき、ウーマン・リブ運動後25年の特集記事が英国の新聞に何度か取り上げられました。サンデー・タイムス紙が、アリカが通っていた高校に記事を依頼し、当時「ヘッド・ガール（成績一番）」だった娘が記事を書くことになりました。

彼女は「私の母が仕事を続けながら、私を産むときに体験したことを考えると、この四半世紀に、働く女性の環境はすごくよくなったと思う」という内容の記事を書き、娘の写真つきの半ページ記事が掲載されたのです。

次の日、学校にロンドンの金融街シティーで働くお母さんから「私は投資銀行で仕事をしている母親で、子供が2人います。アリカさんの記事を読んで感激し、ランチに招待したい」と連絡が入ったそうです。校長に言われて娘はその女性に電話し、その銀行の、働くお母さん4人と、ワーキングマザーと結婚している男性2人の6人と一週間後に食事をすることになったのです。

その日帰ってきた娘は私に「お母さん、私を産んだときに働いていた銀行、CSFBと言わなかった？」と聞くのです。私が「そうよ。それがどうかしたの」と言うと、**「CSFBで働くお母さんたちが私の記事を読んで感激したと言うの。そして、私が彼女たちの娘のロールモデルなので、ランチに招待したいと言うからOKしたの」**と言うのです。私は何という偶然か、とびっくりしてしまいました。

たった1人のお母さんから連絡が入り、それがCSFBで働いている人だったのです。

「アリカ、そのランチでもし機会があったら、『実は、母がいじめられて私を早産した銀行は、あなたたちが今働いているCSFBだったの』と言ってみてくれる？」と頼みました。

ランチから帰ってきた日、娘はルンルン気分でした。

「どうだった」と聞いてみると、６人はランチを食べながら「あなたの記事を読んで感激したの。あなたは私の子供たちのお手本なの」と言っていろいろと質問をしたそうです。

デザートが運び込まれたとき、今度は娘が「実は記事には書かなかったのですが、母が私を早産したときに働いていた投資銀行というのは、皆さんが現在働いているＣＳＦＢなんです」と言ったところ、お母さんたちは「ヘェー。ＣＳＦＢですって…。まさか…、信じられない。そんなことはあり得ない」と言ってみんなびっくりした顔をしたそうです。そして「アリカちゃん、あなたをこのまま帰すわけにはいかないの。**ＣＳＦＢのトレーディングフロアを見て帰ってね。そしてお母さんに、あなたのお母さんたちが先駆者として頑張ってくれたので、今は働くお母さんが仕事をしやすい職場になっていると報告してください**」と言ったそうです。

そして、お昼が終わった後、娘はＣＳＦＢを見学しました。

「あそこにいる女性トレーダーは働くお母さんで子供は2人、向こうの手を振っている彼女も2児の母」といった具合に、働くお母さんは、あちこちにいて、皆さん１人とか

2人子供がいて働いているのだそうです。そして娘に言ったのです。「もし将来インベストメント・バンカーになりたいときは、CSFBの人事部ではなく私たちに直接履歴書を送るようにね」と。

時代の変化は1年、2年では見えなくとも、どんどん変わっていくのです。20年前、2人の子供を産んで仕事をすることは投資銀行の世界で珍しかったのですが、今は何でもないことになっています。10年後、日本でも何でもないことになっているのではないでしょうか。

おわりに

この本を最後までお読みいただき、どうもありがとうございます。

英国で仕事をしていたとき、若い人たちが、勝つとか負けるとか、そういう「こだわり」ではなく「いい仕事をするにはどうしたらいいのか」「たった一度しかない人生を豊かに生きるにはどうしたらいいのか」という座標軸を持って生きていることがよく分かりました。彼らには結婚をあきらめて仕事に生きるなどという選択はなかったし、そんなことより「good quality life」を目指していました。

そして、彼らは結婚し子供を作り育てていくことを20代のときからキャリア・パスと同時並行でやると決めていました。だからこそ、自分の時間を仕事用と家庭用に分けて管理することが大切でした。また、若いときから「人は寂しさと不安の問題を抱えている」ことを素直に認めていた人たちだったから、外国人として1人で住んでいた私も、彼らのようにいくつものことが同時並行的に選んでいけたのです。

私が自分の人生を大事にする生き方を選択するようになってから、不思議なことに日本人特有の「嫉妬心」は消えました。人と自分を比べて自分が「勝っているか負けているか」という考え方もなくなっていきました。

「豊かな人生」を実践し始めたときに、人の尺度で自分をはからなくなり、すごく楽にそして自分らしく生きられるようになったのです。

当時、投資銀行では子供を2人産んで仕事を続けていく女性はまれで、2人の子どもを育てながら仕事をしていた私はパイオニア的な存在だったのかもしれません。80年代に女性がビジネスクラスに乗って、年に4回ロンドンから日本へ出張をするのも珍しいことでした。だから、国会議員の秘書をしている友人が、宿泊先の帝国ホテルの部屋を友人たちと一緒に見に来て記念写真を撮ったこともありました。

日本人女性が海外の銀行の本店役員になるのも初めてのケースだった

ので、英ハンブロス銀行の役員になったとき、日経新聞に写真入りで記事が載ったこともあります。四半世紀で時代は大きく変わり、こうしたことは全然驚きではなくなりました。日本でも女性の役員が任命されてきていますし、女性社員の海外出張も珍しくはなくなりました。

先日もある会社で「執行役員の女性には子供が2人いて、10年前だったらこういう女性は候補者リストに載らなかった」と役員は驚いたように話していました。子供を産んで仕事を続けることは私の時代は大変でしたが、今は子供を産もうとすると会社や社会がサポートをしてくれるケースが多いのです。

過去20年間で時代は大きく変わりました。

例えば20年前の日本で一番若者に見られていたものはテレビと新聞でした。現在、若者たちに一番見られているものは、テレビでもなければ新聞でもありません。モバイルとインターネットです。

若い人たちには20年後の自分がどうありたいか、どういう家庭を築いていたいかを考えて生きていってもらいたい、と思っています。例えば、あなたが今28歳なら、48歳の自分を想像してもらいたいのです。多くの人たちはそんなこと想像できない、3年後の自分がどうなっているかさえ分からないのだから……と言うかもしれません。私も若いときは5年後に何をしているかが見えない時期もありました。でも48歳は必ず訪れるのです。

何かを選択するときに、自分が思っている未来よりもう一段先のことを考えながら行動することをお勧めします。例えば、子供を1人産み、2人目を産みたくても、大変そうなのでという理由でためらっている働く女性には、2人産んで仕事を続けてみていただきたいのです。自分が時代より少し先を行っていると思うぐらいのペースで始めても、20年後にそれが普通のことになっていると思うからです。

若いからといって、また正社員の仕事に就いていないからといって、結婚や家族を作ることを先送りせずに、若いときなりの「豊かさを大事にする生活」を歩んでいってください。

大事なことはお金をたくさん稼ぐことではなく、いい仕事をしながらquality lifeを築いていくことです。インフラが育っていない日本で子供を産んで、夫と妻が仕事を続けていくことは「めげない」どころか「苦難の」人生の選択かもしれません。でも、幸せや充実感を何より大事にする生活を続けていけば20年後のあなたの人生はもっと幸せになるでしょう。

最後に、この本の出版に際し、さまざまな助言を与えてくださった小学館の元専務取締役の中村滋さんと、何度もやりとりを繰り返し、私の願いを聞いてくださった編集部の小川美奈子さんに心よりお礼を申し上げます。

人生好転のルール㊺

ビジネスのプロは、上手に働いて幸せをつかむ

2009年11月25日　初版第1刷発行

著者　藤原美喜子
発行者　佐藤正治
発行所　株式会社小学館
〒101-8001 東京都千代田区一ツ橋2-3-1
電話　編集 03-3230-5450
販売 03-5281-3555
印刷所　萩原印刷株式会社
製本所　株式会社若林製本工場

ISBN 978-4-09-387871-5

制作/直居裕子・太田真由美・渡邉みのり

宣伝/島田由紀　販売/小松慎　編集/小川美奈子